Der Logistikmeister

Dieter Zacherl

Copyright © 2025 Dieter Zacherl

Stöcklesgasse 14

77656 Offenburg

Alle Rechte vorbehalten.

Widmung

Dieses Buch ist all denjenigen gewidmet, die jeden Tag dafür sorgen, dass die Räder der Logistik niemals stillstehen.

Den Logistikern, die frühmorgens die ersten Lieferungen abwickeln und spätabends noch die letzte Palette sicherstellen. Denjenigen, die Routen planen, Prozesse optimieren, Gabelstapler manövrieren, Lkw beladen und immer dafür sorgen, dass alles zur richtigen Zeit am richtigen Ort ist.

Ihr seid die stillen Helden hinter den Kulissen, die den Handel und die Versorgung am Laufen halten. Euer Engagement, eure Ausdauer und euer unermüdlicher Einsatz verdienen höchste Anerkennung.

Dieses Buch soll auch eine Hommage an unseren Beruf sein – ein Beruf, der mehr ist als nur Arbeit.

Es ist eine Leidenschaft, ein Puzzle aus Organisation, Kommunikation und harter Arbeit, das nur durch unser Können und unserer Energie zusammengehalten wird.

Danke, dass Ihr jeden Tag dafür sorgt, dass unsere Welt in Bewegung bleibt.

Inhalt

	Danksagung	1
1	Die Bedeutung der Weiterbildung	3
2	Der Anfang - AEVO	11
3	Die Basisqualifikation	17
4	Die Handlungsspezifische Qualifikation	34
5	Das Fachgespräch	49
6	Die Herausforderungen	56
7	Die Vorteile	61
8	Eigenschaften des Meisters	66
9	Sozialkompetenz	72
10	Die Rolle des Industriemeisters	79
11	Karrierewege	85
12	Die Balance halten	91
13	Rückschläge	99
14	Der Abschluss	107
15	Wie komme ich in eine neue Position?	115
16	Die Lernform	123
17	Abschlusswort an Dich	136

DANKSAGUNG

Ein Projekt wie dieses Buch entsteht niemals allein, und ich möchte die Gelegenheit nutzen, all den Menschen zu danken, die mich auf diesem Weg unterstützt haben.

Mein erster Dank gilt meinen Kolleginnen und Kollegen aus der Logistikbranche. Eure Geschichten, Herausforderungen und Erfolge haben mich inspiriert, dieses Buch zu schreiben. Ihr seid es, die täglich beweisen, dass Logistik mehr ist als nur Prozesse – sie ist Herzblut, Teamarbeit und Innovation.

Auch möchte ich den vielen angehenden Industriemeistern danken, die mich durch ihre Fragen und ihr Engagement inspiriert haben. Eure Entschlossenheit, euch weiterzubilden und zu wachsen, ist ein Beweis dafür, was alles möglich ist, wenn man den Mut hat, neue Wege zu gehen.

Dieter Zacherl

Nicht zuletzt danke ich meinen Leserinnen und Lesern, die mit diesem Buch in der Hand bereit sind, sich weiterzuentwickeln und neue Ziele zu erreichen. Es ist eure Neugier, eure Ambition und eure Leidenschaft, die mich antreiben, Wissen weiterzugeben und zu teilen.

Dieses Buch ist durch viele Hände und Gedanken entstanden, und dafür bin ich unendlich dankbar. Es ist nicht nur ein Werk über Logistik – es ist ein Werk für alle, die täglich mit Herz und Verstand dafür sorgen, dass alles in Bewegung bleibt.

Herzlichen Dank an Euch alle.

1
Die Bedeutung der Weiterbildung

Gratulation!

Deine Entscheidung, eine Weiterbildung zum Industriemeister anzustreben, ist nicht nur ein beruflicher Schritt, sondern eine weitreichende Investition in die persönliche und fachliche Entwicklung. In einer zunehmend komplexen Arbeitswelt wird von Führungskräften erwartet, dass sie nicht nur Experten auf ihrem Fachgebiet sind, sondern auch über eine breite Palette an Soft Skills verfügen, wie Kommunikationsfähigkeit, Konfliktlösung und Teamführung.

Mit diesem Buch möchte ich gerne meine persönlichen Erfahrungen und Erlebnisse weitergeben und mit vielen Tipps und Ratschlägen eine gute Basis für den Industriemeister liefern.

Dieter Zacherl

Ich habe zahlreiche großartige Menschen kennengelernt, deren Geschichten ich gerne mit vorstellen möchte.

Ein Beispiel hierfür ist Thomas, ein ungelernter Staplerfahrer, der nach zehn Jahren im gleichen Unternehmen das Gefühl hatte, beruflich auf der Stelle zu treten. „Ich wollte mehr Verantwortung übernehmen, aber mir fehlten das erforderliche Wissen und die formale Qualifikation," erinnert er sich. Die Weiterbildung zum Industriemeister vermittelte ihm nicht nur die fachlichen Grundlagen, sondern stärkte auch sein Selbstbewusstsein. „Schon nach dem ersten Jahr bemerkte ich, dass sich meine Sichtweise auf Probleme veränderte – ich dachte analytischer und strategischer. Das war ein echter Wendepunkt für mich." Wir haben einige gemeinsame Stunden in der Lerngruppe verbracht und dabei natürlich auch sehr oft über seine Beweggründe und seine Motivation gesprochen.

Thomas war fachlich sehr kompetent und hatte ein breites Wissen und die Erfahrung aus der Operativen. Der rechtliche und betriebswirtschaftliche Hintergrund fehlte ihm natürlich und er musste sich das Wissen ziemlich hart erarbeiten.

Doch schon während der Weiterbildung hat er sein neues Wissen in die Praxis umsetzen können und sein Selbstvertrauen gestärkt.

Genau das hat mich an meine persönlichen Erfahrungen erinnert und wie die Weiterbildung mein eigenes Auftreten und die Wahrnehmung im Betrieb verändern kann:

Zu Beginn meiner Meisterqualifikation war ich fachlich versiert, doch ich hätte nie gedacht, wie stark diese Weiterbildung auch meine persönliche Ausstrahlung und mein Verhalten beeinflussen würde.

Früher hatte ich oft das Gefühl, mich rechtfertigen zu müssen, wenn ich meine Meinung äußerte oder habe oft auch aus Angst vor tieferen Rückfragen geschwiegen. Doch durch das neu gewonnene Wissen fühlte ich mich sicherer und konnte Argumente fundiert und überzeugend darlegen.

Ein fast komischer Moment ereignete sich, als ein Kollege mich auf meinen neuen Kommunikationsstil ansprach. „Du klingst plötzlich wie der Chef," sagte er mit einem Lächeln. Zunächst war ich verunsichert, doch dann wurde mir klar, dass es als Kompliment gemeint war. Mein Auftreten war professioneller und zielgerichteter geworden – etwas, das ich zu Beginn der Weiterbildung nicht für möglich gehalten hätte.

Rückblickend hat die Weiterbildung nicht nur mein Fachwissen erweitert, sondern auch meine persönliche Entwicklung maßgeblich beeinflusst. Sie hat mir gezeigt, dass echte Kompetenz nicht nur durch Wissen, sondern auch durch die Art und Weise entsteht, wie man dieses Wissen vermittelt.

Heute weiß ich, wie wichtig es ist, sich kontinuierlich weiterzuentwickeln – nicht nur für die Karriere, sondern auch für die eigene Persönlichkeit.

Die Kraft der inneren Einstellung

Ein oft unterschätzter Aspekt ist die persönliche Einstellung. Viele Menschen erleben irgendwann im Leben das Gefühl des Feststeckens – sei es beruflich, finanziell oder persönlich. Man hat das Empfinden, einen Punkt erreicht zu haben, an dem die Herausforderungen fehlen und die Weiterentwicklung stagniert. Genau diese innere Unruhe kann der Auslöser sein, einen neuen Schritt zu wagen und ein Risiko einzugehen, das zunächst abschreckend erscheint.

Der Moment der Anmeldung zur Weiterbildung und das Vorlegen der erforderlichen Qualifikationen markieren einen Wendepunkt. Ab diesem Zeitpunkt spürt man, dass man tatsächlich einen bedeutenden Schritt vorwärts geht. Die Kollegen verfolgen den Fortschritt, man steht unter Beobachtung, und die Frage, ob man die Prüfungen erfolgreich bestehen wird, stellt sich immer wieder.

Dieser Nervenkitzel und die Mischung aus Risiko und Herausforderung besitzen einen besonderen Reiz – fast wie eine Sucht nach dem Abenteuer des Lernens und der persönlichen Weiterentwicklung.

Finanzielle Anreize und gesteigertes Ansehen

Neben der persönlichen Weiterentwicklung spielt auch die finanzielle Motivation eine entscheidende Rolle. Die Position des Industriemeisters bringt oft einen spürbaren Gehaltsanstieg mit sich, der auf der erhöhten Verantwortung und dem erweiterten Aufgabenbereich beruht.

Jens, ein Mitschüler, den ich im Meisterkurs kennengelernt habe, hatte diesen Aspekt stets im Hinterkopf: „Ich wollte meiner Familie ein besseres Leben ermöglichen und wusste, dass ich dafür mehr tun musste als nur die alltägliche Arbeit. Der Meistertitel war der Schlüssel dazu."

Doch es ist nicht nur das Gehalt, sondern auch das Ansehen, das mit der neuen Position einhergeht. „Plötzlich werde ich von meinen Kollegen und sogar vom Chef anders wahrgenommen," berichtet Jens, der seinen Logistikmeister 2021 erfolgreich abgeschlossen hat. „Vorher war ich einer von vielen. Jetzt sehe ich, dass die Menschen mich als bedeutendere Figur im Unternehmen betrachten."

Dieter Zacherl

Handlungsvorschläge für angehende Industriemeister

1. **Selbstreflexion und klare Zielsetzung**: Definiere deine beruflichen und persönlichen Ziele und überlege, wie der Meistertitel dir helfen kann, diese zu erreichen.
2. **Finanzielle Planung**: Berechne die finanziellen Auswirkungen der Weiterbildung und setze dir konkrete Ziele, die du nach Abschluss erreichen möchtest.
3. **Kommunikation mit dem Arbeitgeber**: Sprich mit deinem Arbeitgeber über mögliche Perspektiven nach Abschluss der Weiterbildung. Eventuell kannst du schon währenddessen mehr Verantwortung übernehmen.

Der Industriemeister als breit aufgestellter Generalist

Während der Weiterbildung zum Industriemeister stellt man schnell fest, besonders im HQ-Teil (handlungsfeldübergreifende Qualifikationen), dass die Inhalte der Fächer, insbesondere im Bereich Logistik, oft vertraut erscheinen. Viele Themen erinnern an den Schulstoff aus der Berufsschule. Doch auch wenn manche Inhalte vertieft werden, bleibt das Grundwissen bestehen.

Der Industriemeister ist nicht nur ein spezialisierter Facharbeiter mit Erfahrung, sondern ein Allrounder, der ein umfassendes Wissen in verschiedenen Bereichen erworben hat. Man wird zwar nicht in jedem Fachgebiet zum tiefgehenden Experten, doch das breite Verständnis erlaubt es, viele Themen kompetent zu beurteilen.

Im BQ-Teil wird man mit dem Betriebsverfassungsgesetz, Arbeitssicherheit und betriebswirtschaftlichem Handeln vertraut gemacht. Auch ohne Betriebswirt zu sein, lernt man wirtschaftliche Kennzahlen zu verstehen und die Rentabilität von Maßnahmen einzuschätzen. Darüber hinaus werden soziale und kommunikative Fähigkeiten durch Fächer wie MIKP und ZIB vermittelt, die wichtige Präsentationstechniken und methodische Kompetenzen schulen.

Natürlich gehört auch NTG (Naturwissenschaftlich-technische Gesetzmäßigkeiten) dazu, ein Fach, das mathematische Grundlagen wie Formeln umstellen, Geometrie, Raumberechnungen und Elektrotechnik umfasst. Selbst wenn man diese Themen im Alltag nicht ständig anwendet, sind sie von großer Bedeutung.

Zusätzlich vertieft man Kenntnisse im Qualitätsmanagement, in der Personalführung und -planung. Die Vielfalt der Themenbereiche sorgt dafür, dass ein Industriemeister am Ende ein breites Wissen besitzt. Dadurch wird man zum kompetenten Ansprechpartner für den Vorgesetzten und kann fundierte Empfehlungen geben.

„Ich bin vielleicht kein Spezialist in allen Bereichen, aber ich habe die Fähigkeit, Probleme aus verschiedenen Blickwinkeln zu betrachten," erkläre ich oft. „Mein Fokus liegt auf der Logistik, doch ich kann auch Themen wie Arbeitssicherheit oder Betriebsverfassungsrecht einordnen und auf Risiken hinweisen." Der Industriemeister ist also ein vielseitiger Generalist – ein Allrounder, der in der Lage ist, in verschiedenen Bereichen mitzuwirken.

Im folgenden Kapitel möchte ich dir gerne die verschiedenen Prüfungen und Prüfungsfächer vorstellen um einen groben Überblick über die anstehen Herausforderungen aufzuzeigen.

2

Der Anfang – AEVO

Üblicherweise beginnt der Meisterkurs mit einer Vorbereitung auf die AEVO-Prüfung (Ausbilder-Eignungsverordnung, früher AdA-Schein genannt).

Dies sind die ersten Schritte und eine gute Gelegenheit sich wieder auf das Lernen und die Prüfungen einzustellen.

Wichtig ist es die „IHK-Sprache" zu lernen, bestimmte Begriffe ziehen sich durch die gesamte Fortbildung und sollten entsprechend genutzt werden.

Inhalte der AEVO:

Die Schulung zur Vorbereitung auf die AEVO-Prüfung umfasst vier Handlungsfelder:

- **Ausbildungsvoraussetzungen prüfen und Ausbildung planen:** Dazu gehören die rechtlichen Grundlagen und die organisatorischen Rahmenbedingungen.
- **Ausbildung vorbereiten und bei der Einstellung von Auszubildenden mitwirken:** Dazu zählt das Auswahlverfahren für Auszubildende und die Erstellung von Ausbildungsplänen.
- **Durchführung der Ausbildung:** Hier stehen pädagogische und methodische Fähigkeiten im Vordergrund, um Lerninhalte effektiv zu vermitteln.
- **Ausbildung abschließen:** Der Ausbilder muss wissen, wie man Auszubildende auf die Abschlussprüfung vorbereitet und diese begleitet.

Schriftliche Prüfung

Inhalt: Die schriftliche Prüfung besteht aus Fragen, die die vier Handlungsfelder der AEVO abdecken. Diese Fragen sind in der Regel als Multiple-Choice-Aufgaben gestaltet, bei denen eine oder mehrere Antworten richtig sein können, Dauer 90 Minuten.

Beispielhafte Aufgabenstellung aus der schriftlichen Prüfung:

Frank Müller befindet sich im dritten Ausbildungsjahr und hat ausgezeichnete schulische Noten. Er fragt seinen

Ausbilder, ob er die Ausbildung verkürzen kann. (mehrere Antworten können richtig sein)

A: Frank muss einen Antrag auf vorzeitige Zulassung zur Abschlussprüfung bei der Kammer stellen.

B: Frank darf die Ausbildung nicht verkürzen, da der Ausbildungsberuf 3 Jahre dauert

C: Frank darf die Ausbildung verkürzen, wenn der Ausbildungsbetrieb einverstanden ist.

D: Die Eltern müssen ihr Einverständnis geben, wenn Frank noch nicht volljährig ist.

> Viel Erfolg beim Googeln, willkommen beim selbstständigen Aneignen von Wissen... ☺

Die diversen Vorbereitungskurse sind in der Regel sehr gut aufgestellt, auch die IHK bietet solche Kurse an. Die Fragen wiederholen sich inhaltlich sehr häufig und können auch über eine App gelernt werden. Das Erfolgsgeheimnis ist die intensive Wiederholung und das Verständnis für die IHK-Sprache, die dich ab sofort permanent begleiten wird.

Praktische Prüfung

Inhalt: Die praktische Prüfung besteht aus zwei Teilen:

- **Präsentation oder Durchführung einer Ausbildungseinheit:** Der Prüfling kann wählen, ob er eine Ausbildungssituation präsentieren oder praktisch durchführen möchte (ca. 15 Minuten). Dabei wird eine Ausbildungseinheit simuliert, in der der Prüfling eine bestimmte berufliche Handlung vermittelt.
- **Fachgespräch**: Im Anschluss an die Präsentation oder Durchführung findet ein **Fachgespräch** statt (ca. 15 Minuten). Dabei werden Fragen zur Planung und Durchführung der Ausbildungssituation gestellt, um die didaktischen und methodischen Kenntnisse zu überprüfen.

Die praktische Prüfung erfordert, dass der Prüfling eine **Ausbildungsplanung** erstellt, die als Grundlage für die Präsentation oder Durchführung dient, diese muss mitgebracht und dem Prüfungsausschuss ausgehändigt werden.

Meine persönliche Erfahrung mit der AEVO-Prüfung

Die AEVO-Prüfung war für mich eine durchweg positive Erfahrung. Ich entschied mich für ein Lehrgespräch als Prüfungsmethode, bei dem wir gemeinsam einen Lieferschein besprachen.

Ziel war es, dass der Auszubildende den Ablauf und die relevanten Inhalte erläutern konnte. Besonders spannend war, dass bei unserer örtlichen IHK ein Auszubildender zugewiesen wurde, den wir im Vorfeld nicht kannten.

Ich hatte das Glück, mit einer jungen Dame zusammenzuarbeiten, die sich als äußerst engagiert und fachkundig erwies. Sie überraschte mich mit ihrem detaillierten Wissen und ihrer souveränen Art, was das Gespräch ungemein bereicherte. Das Lehrgespräch verlief reibungslos, und wir konnten die Inhalte gemeinsam zielgerichtet erarbeiten.

Im Anschluss folgte die Fragerunde mit den Prüfern, die es in sich hatte. Die Fragen waren anspruchsvoll und erforderten fundierte Kenntnisse und schnelles Denken.

Während der Fragerunde unterstützte der Prüfungsausschuss bei kleineren Unsicherheiten und legte großen Wert darauf, dass die sogenannte „IHK-Sprache" korrekt angewendet wurde. Das vermittelte den Eindruck, dass ein freundliches und professionelles Auftreten deutlich positiv bewertet wird und entscheidend für die Gesamtnote sein kann.

Ein besonderer Fokus lag auf Themen wie Führungsstile, Schlüsselqualifikationen und rechtlichen Grundlagen aus dem Berufsbildungsgesetz (BBiG). Hier zeigte sich, dass sich eine gründliche Vorbereitung auszahlt, denn alle Fragen waren gut beantwortbar, sofern man die entsprechenden Inhalte intensiv durchgearbeitet hatte.

Dieter Zacherl

Letztendlich konnte ich den Praxisteil mit rund 90 Punkten erfolgreich abschließen – ein Ergebnis, auf das ich stolz bin.

Interessant war auch die Atmosphäre im Vorbereitungsraum. Dort fielen mir einige Kollegen auf, die mit sehr komplexen Präsentationen oder technischen Vorgängen in die Prüfung gingen. Leider mussten manche von ihnen feststellen, dass sie sich auf die falschen Schwerpunkte konzentriert hatten und scheiterten. Diese Erfahrung verdeutlichte mir, worum es bei der AEVO-Prüfung wirklich geht: Es geht nicht in erster Linie um die technische Perfektion oder die Komplexität des Themas, sondern darum, Wissen klar, strukturiert und methodisch korrekt zu vermitteln.

Mein Rat an künftige Prüflinge ist daher: Weniger ist oft mehr. Wählt ein praxisnahes, übersichtliches Thema und zeigt, dass ihr die Grundlagen der Didaktik und Methodik sicher beherrscht. Die Prüfer möchten sehen, dass ihr in der Lage seid, Inhalte effektiv zu vermitteln – nicht, dass ihr technische Details bis ins Kleinste erklärt. Der Fokus sollte immer darauf liegen, wie das Wissen sauber und zielgerichtet vermittelt wird.

Die AEVO ist ein sehr guter Einstieg, um wieder in den Lern-Rhythmus zu finden und sich seiner ersten Prüfung zu stellen.

3

Die Basisqualifikation

Die Basisqualifikation (BQ) stellt die Grundlage der Industriemeister-Ausbildung dar und umfasst fünf Prüfungsfächer, die unterschiedlich anspruchsvoll sind. Jeder angehende Industriemeister empfindet die Fächer individuell – während manche sich schnell mit praxisnahen Themen wie Zusammenarbeit im Betrieb identifizieren, erweisen sich andere Fächer als größere Hürden.

Die BQ ist zuallererst ein Stresstest. In der Prüfung hat man 90 Minuten Zeit, 100 Punkte sind möglich. Viele Aufgaben kommen regelmäßig in verschiedenen Konstellationen vor und können konsequent eintrainiert werden. Mit dieser Vorbereitung ist es möglich, 51 Punkte zu erreichen, die benötigt werden. Das ist das absolute Mindestziel, erstrebenswert wäre natürlich ein Wert zwischen 70 und 80 Punkte.

An der BQ scheitern bereits zahlreiche Menschen, dennoch sollte man nicht den Kopf in den Sand stecken, sondern konzentriert und stetig lernen. Ich empfehle unbedingt den aktuellen Rahmenlehrplan (ca. 12 Euro bei der IHK) zu bestellen und dann parallel zum Unterricht die Themen systematisch abzuhandeln und das Wissen zu dokumentieren. Dann kann zielgerichtet gelernt und wichtige Fortschritte erreicht werden. Du wirst schnell feststellen, dass die (Frei-)Zeit knapp ist und möglichst effizient genutzt werden sollte.

Hier eine Übersicht der BQ-Fächer:

Rechtsbewusstes Handeln

Inhalt und Bedeutung:
Im Prüfungsfach Rechtsbewusstes Handeln geht es darum, arbeitsrechtliche, tarifrechtliche und sozialrechtliche Vorschriften zu verstehen und anzuwenden. Dies umfasst unter anderem das Arbeitszeitgesetz, den Kündigungsschutz, den Gesundheitsschutz sowie Mitbestimmungsrechte des Betriebsrats. Für eine Führungskraft ist es entscheidend, rechtlich einwandfrei zu handeln, um Risiken für das Unternehmen und die Mitarbeiter zu minimieren.

Praxisbeispiel:
Ein Mitarbeiter meldet sich regelmäßig verspätet krank. Als Industriemeister musst du abwägen: Wie gehst du

mit diesem Fall um? Wann kannst oder solltest du eine Abmahnung aussprechen? Mit deinem Wissen aus dem Fach Rechtsbewusstes Handeln kannst du sicherstellen, dass du korrekt vorgehst und gleichzeitig eine Lösung findest, die im Einklang mit den gesetzlichen Vorgaben steht.

Motivation:
Das Wissen um rechtliche Zusammenhänge gibt dir nicht nur Sicherheit im Umgang mit Mitarbeitern, sondern stärkt auch deine Position als kompetente Führungskraft.

In diesem Fach geht es sehrt stark um die sichere Beherrschung der Gesetzessammlungen, die im Vorfeld entsprechend markiert werden dürfen. Man sollte sehr gut wissen, welche Gesetze wichtig sind und wie man sie am schnellsten findet.

Erwähnenswert ist hier noch, dass man sich stets die aktuellen Gesetzessammlungen beschaffen sollte, da es durchaus zu Änderungen kommen kann.

Typische Sammlungen sind: BGB, HGB, Arbeitsgesetze und Umweltgesetze.

Kleiner Tipp: Mittlerweile findet man im Internet Anbieter, die Klebemarkierungen verkaufen, die direkt in die Gesetzessammlung eingeklebt werden, hier sind bereits die wichtigsten Buch-Seiten ausgewählt worden, die für die Prüfungen relevant sind, habe ich bisher für die

Beck-Bücher gesehen. Bitte aber immer prüfen, ob es in der Prüfung genehmigt ist, um Missverständnisse zu vermeiden.

Mir persönlich ist dieses Fach sehr gelegen, ich konnte hier 89 Punkte einholen, das vermittelte Wissen hilft mir im Arbeitsalltag und ist wirklich eine gute Grundlage für Personalentscheidungen oder Betriebsrat-Themen.

Beispiele für Prüfungsaufgaben:

In Ihrer Funktion als Industriemeister wenden sich einige Beschäftigte der Franz-GmbH mit Fragen zum Thema Tarifvertrag an Sie.

1. Ein Mitarbeiter möchte wissen, unter welchen Voraussetzungen ein Tarifvertrag im Arbeitsverhältnis Anwendung findet.
   Beschreiben Sie drei mögliche Wege, wie ein Tarifvertrag zwischen Arbeitgeber und Arbeitnehmer rechtlich wirksam wird.
   Geben Sie jeweils die entsprechende gesetzliche Grundlage an.
2. Ein weiterer Beschäftigter interessiert sich für die gegenseitigen Verpflichtungen, die zwischen den Tarifparteien gelten, solange ein Tarifvertrag in Kraft ist.
   Nennen Sie die zwei wesentlichen Pflichten, die sich aus dem tariflichen Verhältnis ergeben.

Betriebswirtschaftliches Handeln

Inhalt und Bedeutung:
Dieses Fach vermittelt Grundlagen der Betriebswirtschaft, wie Kosten- und Leistungsrechnung, Kalkulationen und Wirtschaftlichkeitsanalysen. Industriemeister müssen betriebliche Kennzahlen verstehen, um Entscheidungen zu treffen, die sich positiv auf die Wirtschaftlichkeit des Unternehmens auswirken.

Praxisbeispiel:
Du analysierst die Transportkosten in deiner Abteilung und stellst fest, dass externe Dienstleister langfristig günstiger sind als der eigene Fuhrpark. Mit betriebswirtschaftlichem Wissen kannst du eine fundierte Entscheidung treffen und das Einsparungspotenzial überzeugend präsentieren.

Motivation:
Dieses Fach zeigt dir, wie du durch wirtschaftliches Denken und Handeln aktiv zur Verbesserung der Unternehmensziele beitragen kannst – eine Fähigkeit, die von Vorgesetzten und Kollegen geschätzt wird.

Warum ist BWH anspruchsvoll?

Komplexe Inhalte: In BWH geht es um Themen wie Kosten- und Leistungsrechnung, Kalkulation, Liquiditätsplanung und das Verständnis betriebswirtschaftlicher Kennzahlen. Typische Aufgaben sind Gemeinkostenberechnungen, Make-orBuy-Kalkulationen, Akkordlöhne berechnen, Lagerumschlagshäufigkeiten und optimale Bestellmengen kalkulieren. Für viele Teilnehmer sind diese Inhalte völlig neu, da sie im Arbeitsalltag oft keine Rolle spielen.

Abstraktes Denken: Betriebswirtschaft erfordert die Fähigkeit, abstrakte Zusammenhänge zu verstehen und in Zahlen auszudrücken. Das reine Auswendiglernen von Formeln reicht nicht aus – das Verständnis der Zusammenhänge ist entscheidend.

Mathematische Anforderungen: BWH ist stark zahlenlastig, und eine solide Grundlage in Mathematik erleichtert das Lernen enorm.

Für Teilnehmer ohne kaufmännischen Hintergrund ist dies oft eine Herausforderung.

Dennoch gibt es in diesem Fach einige Themen, die von komplexen Rechnungen losgelöst sind, Rechts- und Organisationsformen sind oft Textaufgaben, auf die man sich optimal vorbereiten kann, sehr schnell hat man 15-20 Punkte in der Prüfung erreicht, durchaus wertvolle Punkte.

Keine Sorge, die angesprochenen Themen sind für die meisten angehenden Industriemeister neu, dennoch kann man sich hier intensiv einlernen, der beste Freund ist die IHK-Formelsammlung, die auch in der Prüfung genutzt werden darf. Ein Auswendiglernen von Formeln steht glücklicherweise nicht an.

Beispiele für Prüfungsaufgaben:

1. Zum Jahresbeginn 2024 hatte der Speiseölhersteller „Flutschi" einen Warenbestand von 240.000l Sesamöl.
   Zum jeweiligen Monatsende wurden folgende Bestände erfasst:
   Jan. 200.000l
   Feb. 150.000l
   März 75.000l
   April 150.000l
   a. Ermitteln Sie den durchschnittlichen Lagerbestand für den Zeitraum.
   b. Ermitteln Sie die Lagerumschlagshäufigkeit
   c. Welche Auswirkungen haben ein hoher Lagerbestand?
2. Ihr Betrieb möchte von einer Spartenorganisation in eine Matrixorganisation wechseln.
   a. Erklären Sie die Unterschiede und welche Vorteile dies dem Betrieb bringen kann.
   b. Erklären Sie eine weitere Organisationsform

Zusammenarbeit im Betrieb

Inhalt und Bedeutung:
Hier steht die Interaktion mit Menschen im Mittelpunkt. Themen wie Kommunikation, Führungstechniken, Konfliktmanagement und Teamentwicklung sind zentrale Bestandteile. Führungskräfte in der Logistik arbeiten

täglich mit Teams zusammen und müssen dabei nicht nur motivieren, sondern auch Konflikte lösen und klare Ziele setzen. Typische Prüfungsthemen sind die Führungs- und Motivationsmodelle sowie betriebliche Fallbeispiele mit verschiedenen Personengruppen, wie Ältere und Jüngere.

Praxisbeispiel:
Während einer stressigen Schicht kommt es zu Spannungen zwischen zwei Mitarbeitern. Dank deines Wissens über Konfliktmanagement kannst du professionell intervenieren, den Konflikt schlichten und die Arbeitsatmosphäre wieder herstellen.

Motivation:
Erfolgreiche Zusammenarbeit ist das Herzstück jeder Führungskraft. Dieses Fach gibt dir die Werkzeuge an die Hand, um ein Team zu leiten und dabei stets einen positiven Einfluss auszuüben. Das ganze Fach hat mir persönlich viel Spaß gemacht und ich hatte auch das Gefühl, dass diese Themen wirklich im betrieblichen Führungsalltag hilfreich sind.

Es wird eine etwas ausführlichere Beantwortung der Fragen erwartet, möglichst mit einem kleinen Beispiel aus der Praxis. Dadurch können viele Teilpunkte erreicht werden, die dann im Ganzen ein ordentliches Ergebnis bringen.

Der Logistikmeister

In meinen Augen ist diese Prüfung gut zu bestehen, insbesondere wenn man mit gesundem Menschenverstand und Empathie herangeht. Viele Themen (Beispiel Führungsstile) sind bereits in der AEVO thematisiert worden.

Die Ausformulierung und anschauliche Beantwortung der Fragen sind hier der Schlüssel zum Bestehen dieser Prüfung, also lieber etwas mehr schreiben und sich in die Situationsaufgabe einfühlen.

Beispiele für Prüfungsaufgaben:

1. Ein Mitarbeiter beschwert sich bei Ihnen über Konflikte in der Abteilung, die sich negativ auf das Betriebsklima auswirken. Ihm wäre es lieber, wenn sich die Kollegen zurückhalten und die Probleme schlucken.
   a. Erklären Sie mit drei Argumenten, warum Konflikte auch positive Aspekte haben.
   b. Wie können Sie in dieser Situation agieren, um die Konflikte zu auflösen?
2. Erklären Sie ein Beurteilungsgespräch und wann dies notwendig ist.
   Erklären Sie drei typische Fehler bei der Beurteilung und wie diese vermieden werden können.

Dieter Zacherl

Methoden der Information, Kommunikation und Planung

Inhalt und Bedeutung:
Effiziente Planung und der richtige Umgang mit Informationssystemen sind unverzichtbare Kompetenzen in der Logistik. Dieses Fach vermittelt Kenntnisse in Projektmanagement, Planungsmethoden und der Nutzung moderner Kommunikations- und IT-Systeme. Ebenso gehören Präsentationstechniken und die zielgerichtete Organisation einer Präsentation dazu.

Praxisbeispiel:
Du planst die Umstellung des Lagers auf ein neues Warenwirtschaftssystem. Mit den erlernten Planungsmethoden strukturierst du das Projekt, legst Meilensteine fest und führst das Team Schritt für Schritt zum Ziel.

Motivation:
Gute Planung ist der Schlüssel zu erfolgreichen Projekten. Dieses Fach zeigt dir, wie du komplexe Vorhaben sicher und strukturiert umsetzen kannst.

MIKP bietet ein breites Spektrum an Lernthemen und sollte nicht unterschätzt werden. Sehr viele Prüflinge scheitern an dieser Prüfung, obwohl die Themen nicht wirklich komplex sind. Beispielsweise geht es oftmals bei einer Aufgabe um die Unterscheidung von Begrifflichkeiten wie Datensicherheit, Datenschutz und Datensicherung. Hier zeigt sich eben wieder die „IHK-Sprache" die sich durchzieht. Die Prüfungsaufgaben wiederholen sich häufig in den verschiedenen Prüfungen und beinhalten unter anderem die ABC-Analyse, Netzplantechnik, Datenschutz, Projektmanagement und die organisatorische und technische Planung einer Präsentation.

MIKP ist ein echtes Lernfach, hier laufen fast alle Prüfungsfragen nach einem festen Schema, die Schlüsselbegriffe müssen unbedingt beherrscht werden, dann ist die Prüfung leicht zu bestehen. Die ABC-Analyse wiederholt sich beispielsweise eigentlich bei fast jeder Prüfung, immer in einer anderen Abwandlung. Wenn man dies verstanden und geübt hat, sind das geschenkte Punkte.

Beispiele für Prüfungsaufgaben:

1. Ein neuer IT-Dienstleister soll in Ihrem Unternehmen beauftragt werden.
   a. Wie können Sie die gewünschten Anforderungen zusammenfassen?
   b. Beschreiben Sie fünf Punkte, die Ihnen bei der Beauftragung wichtig sind.
   c. Nennen Sie drei Maßnahmen zur Datensicherheit
2. Was macht ein Projekt aus? Benennen Sie die Phasen eines Projektes und die Aufgaben des Projektleiters in der jeweiligen Phase.

Dieter Zacherl

Naturwissenschaftliche und Technische Grundlagen

Inhalt und Bedeutung:
Logistik ist nicht nur Organisation, sondern auch Technik. Dieses Fach umfasst physikalische und mathematische Grundlagen, technische Mechanik und Werkstoffkunde. Solides technisches Wissen hilft dir, in der Praxis fundierte Entscheidungen zu treffen, etwa bei der Auswahl von Maschinen oder Materialien.

Praxisbeispiel:
Du berechnest die Traglast eines neuen Hochregallagers und prüfst, ob die geplanten Materialien den Anforderungen entsprechen. Mit den Grundlagen aus diesem Fach stellst du sicher, dass die Sicherheit gewährleistet ist und die Kosten im Rahmen bleiben.

Motivation:
Technisches Wissen stärkt deine Kompetenz, wenn es um Entscheidungen im operativen Bereich geht. Du wirst als jemand wahrgenommen, der die Herausforderungen der Logistik sowohl praktisch als auch wissenschaftlich durchdringen kann.

Warum ist NTG anspruchsvoll?
Breites Themenspektrum: NTG umfasst Bereiche wie Physik, Mathematik, Chemie, technische Mechanik und Werkstoffkunde. Die Bandbreite an Themen macht das Fach besonders herausfordernd.

Mathematische Tiefe: Viele Aufgaben erfordern ein solides mathematisches Verständnis, etwa in der Statistik (beim Logistikmeister nicht in der Prüfung) oder bei der Berechnung von Kräften und Traglasten.

Technischer Fokus: Teilnehmer ohne technischen Hintergrund fühlen sich oft überfordert, da Begriffe wie Hebelgesetze, Materialfestigkeit oder Wärmelehre im Alltag selten vorkommen.

Herausforderungen in der Prüfung
In NTG werden oft komplexe Aufgaben gestellt, bei denen verschiedene Themenbereiche kombiniert werden. Es reicht nicht aus, einzelne Formeln auswendig zu kennen – das Verstehen der Anwendungen ist entscheidend. In den letzten Jahren hat sich eine Entwicklung gezeigt, dass immer wieder ein neues, aktuelles Thema hinzukommt. Zuletzt war zum Beispiel das „Blockkraftwerk" dabei.

Viele Prüfungsaufgaben sind auf Effizienz ausgelegt: Man muss schnell zwischen Themen wechseln und die richtige Herangehensweise finden. Glücklicherweise darf auch hier die IHK-Formelsammlung genutzt werden, unser bester Freund.

Keine Angst, auch wenn die folgenden Aufgaben-Beispiele erst einmal erschreckend sind. Für mich persönlich war Mathe und Physik schon in der Schule ein Grauen, ich würde fast behaupten, dass ich mit dem

Meister wieder bei null angefangen habe. Insbesondere das Rechnen und Umstellen von Formeln hat mir anfangs am meisten Probleme bereitet, ich habe zahlreiche Ringbücher mit Übungsaufgaben gefüllt, bis ich auf dem benötigten Niveau angekommen bin.

Beispiele für Prüfungsaufgaben:

1. Auf der Strecke zwischen Hamburg und München fahren zwei Lkw im Begegnungsverkehr. Beide Fahrzeuge fahren mit einer durchschnittlichen Geschwindigkeit von 85 km/h. Treffpunkt ist ein Parkplatz nähe Frankfurt. Lkw 1 fährt um 6 Uhr in Hamburg los, er muss 480 km zurücklegen. Lkw 2 soll dann zeitgleich in Frankfurt ankommen, um Wartezeiten zu vermeiden. Seine Strecke beträgt 350km.
   a. Wann muss Lkw 2 losfahren, wenn er zeitgleich in Frankfurt ankommen soll. Ermitteln Sie die Abfahrtszeit rechnerisch.
   b. Wie lange benötigt Lkw 2 wenn er eine Durchschnittsgeschwindigkeit von 75km/h fährt.
2. Ein elektrisch betriebenes Aggregat wird mit 230 V und 8 A betrieben.
   Die Anschlussleitung hat eine Länge von 15m, der Leiterquerschnitt beträgt = 1,5 mm^2.
   a. Berechne den Leitungswiderstand und den Spannungsfall.

b. Berechne die tatsächliche Leistung des Aggregates
   c. Erkläre den Begriff Wirkungsgrad

Für Menschen, die seit langer Zeit keine Mathematik oder Physik mehr gelernt haben, kann der Wiedereinstieg zunächst herausfordernd wirken. Doch mit einer strukturierten Herangehensweise und den richtigen Ressourcen ist es möglich, die Grundlagen aufzufrischen und sich effektiv vorzubereiten.

Hier sind einige Tipps, die den Einstieg erleichtern:

Starte mit den Grundlagen

Mathematik:
Beginne mit einfachen Themen wie Grundrechenarten, Bruchrechnung, Prozentrechnung und Dreisatz.

Vertiefe dich anschließend in Themen wie lineare Gleichungen, Geometrie und das Arbeiten mit Formeln.

Physik:
Konzentriere dich auf grundlegende Konzepte wie Kräfte, Energie, Geschwindigkeit und Hebelgesetze.

Verstehe wie die Zusammenhänge zwischen physikalischen Größen, wie z. B. Masse, Kraft und Beschleunigung zusammenhängen. Ganz wichtig sind die Einheiten, also die Umrechnung von Volumen, Kräfte und Längen, glücklicherweise ist auch hier (hoffentlich) die Formelsammlung zur Hand.

Nutze moderne Lernressourcen

Apps und Online-Plattformen:
Plattformen wie YouTube (z. B. „Mathe by Daniel Jung") oder Lern-Apps wie SimpleClub bieten anschauliche Erklärungen.

Mathematik- oder Physik-Apps mit Übungsaufgaben sind ideal, um das Wissen spielerisch aufzufrischen.

Bücher für Wiedereinsteiger:
Bücher wie „Mathe für Dummies" oder „Physik für Dummies" bieten leicht verständliche Erklärungen.

Schulbücher der Sekundarstufe sind ebenfalls hilfreich, um sich Schritt für Schritt wieder einzuarbeiten.

Suche nach Unterstützung

Lerngruppen:
Dies ist meine absolute Empfehlung. Tausche dich mit anderen Teilnehmern der Industriemeister-Ausbildung aus. Gemeinsam zu Lernen macht oft mehr Spaß und hilft bei der Motivation., Lerngruppen sind sinnvoll und sollten möglichst am Anfang gebildet werden. Aus den Lerngruppen bilden sich oft langjährige Freundschaften und ein großartiges Netzwerk.

-> Insidertipp: Fahrtkosten bei Treffen mit der Lerngruppe können auch steuerlich abgesetzt werden, bitte dokumentieren und beim Steuerberater oder Lohnsteuerhilfeverein nachfragen!

Dies gilt übrigens für sämtliche Ausgaben im Zusammenhang mit der Weiterbildung, Belege sammeln, dokumentieren und dann prüfen lassen ob man eine Steuererklärung machen sollte und oder die Ausgaben einbringen kann, wenn man dies bereits macht.

Nachhilfe oder Dozenten:
Ein erfahrener Lehrer oder Dozent kann dir gezielt bei schwierigen Themen helfen und Wissenslücken schließen. Ebenso bietet die IHK besondere Vorbereitungskurse an, damit die angehenden Schüler die NTG-Basics auffrischen oder aneignen können.

Diese Kurse sind absolut empfehlenswert, bevor der eigentliche Meisterkurs beginnt.

Sollte es in einzelnen Fächern nicht zum Bestehen gereicht haben, ist eine mündliche Nachprüfung möglich. Erfahrungsgemäß kann man hier sehr oft ein Bestehen erreichen.

Im schlimmsten Fall können auch schriftliche Prüfungen wiederholt werden. Das ist kein Beinbruch und bei der hohen Durchfallquote nicht ganz ausgeschlossen.

Kopf hoch und durchbeißen, lautet die Devise.

4

Die Handlungsspezifische Qualifikation

Die Handlungsspezifischen Qualifikationen (HQ) bauen auf der Basisqualifikation auf und stellen den zweiten großen Teil der Industriemeister-Ausbildung dar. Sie sind praxisnäher und zielen darauf ab, dich für konkrete Führungsaufgaben und die Steuerung von Prozessen im Unternehmen vorzubereiten.

Die Prüfung findet hier in zwei Themenfeldern statt, einmal die Prüfung **Logistikprozesse** sowie **BOK-Betriebliche Organisation und Kostenwesen**. Für jede Prüfung hat man 240 Minuten Zeit, dies sollte ausreichend sein um 12 - 20 Seiten zu befüllen.

Die Inhalte der beiden Prüfungsfächer beinhalten diese Fachgebiete:

- Logistikkonzepte

- Leistungserstellung
- Prozess-Steuerung und -Optimierung
- Kostenwesen und Controlling
- Arbeits-, Umwelt- und Gesundheitsschutz
- QM

Personalführung und Personalentwicklung sollten schwerpunktmäßig im Fachgespräch vorkommen, sind aber teilweise auch in der HQ zu finden, insbesondere im Sinne von Kapazitätsplanungen (wie viele Mitarbeiter werden benötigt...).

In den Prüfungen werden Situationsaufgaben aus der Praxis vorgegeben, beispielsweise wird ein Betrieb vorgestellt, der bestimmte logistische Abläufe hat, auf die sich dann die Prüfungsfragen beziehen Somit ist ein direkter Praxisbezug vorhanden, bei dem sich alle genannten Themen überschneiden. Die Ausgangssituation beinhaltet zahlreiche Inhalte, die beachtet werden müssen, um die Aufgaben korrekt zu beantworten und oftmals eine ganze Seite Text umfasst, hier sollte man sich die wichtigsten Punkte markieren.

Logistikprozesse

Inhalte und Anforderungen:
Hier liegt der Fokus auf der Planung, Steuerung und Optimierung logistischer Prozesse. Themen wie Materialfluss, Lager- und Transportlogistik sowie der Einsatz

moderner Technologien (z. B. IT-Systeme) spielen eine zentrale Rolle. Es wird verlangt, komplexe Prozesse zu analysieren und Lösungen zu entwickeln.

Herausforderungen:
Verstehen und Anwenden von Prozessketten in der Praxis.

Berücksichtigung betrieblicher Kennzahlen und technischer Anforderungen.

Der Bezug zwischen Theorie und Praxis muss klar nachvollzogen werden.

BOK-Betriebliche Organisation und Kostenwesen

Inhalte und Anforderungen:
Dieser Bereich vertieft die Themen aus der BQ und fokussiert sich auf strategische Entscheidungen, Controlling und Kostenmanagement. Besonders anspruchsvoll sind hier die Berechnung und Analyse betrieblicher Kennzahlen sowie die Entwicklung von Maßnahmen zur Kostenoptimierung.

Herausforderungen:
Höhere Komplexität der Aufgaben im Vergleich zur BQ.

Interpretation und Anwendung von Kennzahlen auf strategischer Ebene.

Kombination betriebswirtschaftlicher und logistischer Anforderungen.

Alle anderen Lernbereiche fließen in die Aufgaben ein und müssen stets berücksichtigt werden, insbesondere die Themen Arbeitsschutz, Mitbestimmung des Betriebsrates, Personalplanung sowie Qualitätsmanagement sind in allen Situationsaufgaben präsent. Eine fachbezogene Abgrenzung lässt sich nicht vornehmen, die Situationsaufgabe umschließt alle Themen.

Anbei die spezifischen Fachgebiete mit einigen typischen Prüfungsaufgaben:

Im Themenbereich **Logistikkonzepte** geht es darum, logistische Abläufe im Unternehmen gezielt zu planen, weiterzuentwickeln und aufeinander abzustimmen.

Ziel ist es, wirtschaftliche, nachhaltige und kundenorientierte Lösungen zu gestalten.

Dazu gehört:

- Die Entwicklung und Bewertung von Logistikkonzepten im Einklang mit den Unternehmenszielen,
- die Berücksichtigung von Marktanforderungen, Kundenbedürfnissen und rechtlichen Rahmenbedingungen,
- sowie die Integration ökonomischer, ökologischer und sozialer Aspekte der Nachhaltigkeit.

Ein weiterer Schwerpunkt liegt auf der Zusammenarbeit mit Prozesspartnern entlang der Wertschöpfungskette. Die Fähigkeit, Abläufe zu analysieren, gemeinsam mit anderen Beteiligten zu optimieren und die Umsetzung von Konzepten zu begleiten, ist dabei zentral.

Beispielsaufgabe:

1. Die Franz-Müller GmbH verteilt ihre Fertigwaren über ein Auslieferungs-Zentrallager in der Nähe von Mannheim.
   a. Erläutern Sie jeweils zwei Vor- und Nachteile im Vergleich zu dezentralen Distributionsläger.
   b. Welche Funktionen hat ein Lager, beschreiben Sie drei Funktionen.

Das Fach **Leistungserstellung** umfasst alle betrieblichen Tätigkeiten zur Herstellung von Produkten oder zur Erbringung logistischer Dienstleistungen. Ziel ist es, Kundenanforderungen termingerecht, qualitativ hochwertig und wirtschaftlich zu erfüllen.

Wesentliche Inhalte:

- Planung und Steuerung von Produktions- und Logistikprozessen
- Bedarfsermittlung und Beschaffung von Material und Betriebsmitteln

- Sicherstellung der Anlagenverfügbarkeit durch Wartung und Notfallstrategien
- Überwachung und Optimierung von Prozessen mithilfe von Kennzahlen und IT-Systemen
- Abstimmung zwischen den beteiligten Abteilungen zur Gewährleistung reibungsloser Abläufe

Beispielsaufgabe:

1. Sie betreiben ein Kommissionier-Lager, das in Stichgängen organisiert ist. Der Kommissionierer nutzt eine Hubameise, um die gewünschten Lagerplätze anzusteuern, die Ware wird von Hand aus den Bodenplätzen kommissioniert und auf eine Europalette gestapelt. Anschließend transportiert er die Palette an eine Übergabefläche, an der die nächste Lagerzone angegliedert ist, hier übernimmt der nächste Kommissionierer die Palette.
    a. Erklären Sie dieses Materialfluss-System
    b. Wie können die Laufwege bei diesem System optimiert werden, da der Kommissionier sehr viele Wegzeiten hat
    c. Unterbreiten Sie drei Vorschläge wie die Verteilzeiten minimiert werden können

Das Lernziel im Bereich **Prozess-Steuerung und -Optimierung** ist, die Wertschöpfungskette ganzheitlich zu betrachten – vom Wareneingang über Lagerung und Produktion bis zum Versand – und dabei, Qualität, Zeit und Kosten in Einklang zu bringen. Hier geht es darum, logistische Prozesse zielgerichtet zu führen, Schwachstellen zu erkennen und Optimierungspotenziale wirtschaftlich umzusetzen, um die Wettbewerbsfähigkeit des Unternehmens langfristig zu sichern.

Wichtige Inhalte sind:

- Identifikation, Analyse und Gestaltung logistischer Prozesse
- Ermittlung und Nutzung von Prozessdaten zur Leistungsbewertung
- Ableitung und Umsetzung von Verbesserungsmaßnahmen
- Einsatz von IT-Systemen zur Steuerung und Überwachung
- Sicherstellung der Verfügbarkeit von Anlagen und Betriebsmitteln
- Kontinuierliche Verbesserung (KVP) und Anwendung von Methoden wie PDCA, Lean oder Kennzahlensystemen

Beispielsaufgabe:

Die Franz-Müller GmbH stellt in Serienfertigung eine Montageeinheit (Artikel-Nr. MME-1000) her. Für die Produktion eines Stücks dieser Einheit werden gemäß **Stückliste** folgende Teile benötigt:

Bauteil	Artikelnummer	Stück je Einheit
Grundplatte	GP-101	1
Halterung	HT-202	2
Schraube M8x20	SC-820	4
Mutter M8	MT-800	4
Distanzhülse	DH-150	1

Der Produktionsplan für den kommenden Monat sieht vor, 250 Montageeinheiten zu fertigen.

a. Ermitteln Sie den Sekundärbedarf aller Bauteile, die zur Herstellung der 250 Montageeinheiten benötigt werden.
b. Welchen Gesamtbedarf an Schrauben (SC-820) und Muttern (MT-800) ergibt sich?
c. Welche Arten von Bedarf liegen in dieser Aufgabe vor (Primär-, Sekundär-, Tertiärbedarf)?
d. Erläutern Sie in einem Satz den Unterschied zwischen der deterministischen und stochastischen Bedarfsermittlung.

Kostenwesen und Controlling: Das Kostenwesen erfasst und analysiert alle im Betrieb anfallenden Kosten, um Transparenz über deren Herkunft und Verwendung zu schaffen. Das Controlling dient der Planung, Steuerung und Überwachung von Prozessen, indem es Soll-Ist-Vergleiche durchführt und Abweichungen analysiert. Industriemeister nutzen beide Instrumente, um wirtschaftlich zu handeln und Optimierungspotenziale im eigenen Verantwortungsbereich zu erkennen und umzusetzen.

Inhalte:

- Vermittlung der Grundlagen der Kostenarten-, Kostenstellen- und Kostenträgerrechnung zur Transparenz der Kostenstruktur im Betrieb.
- Industriemeister sollen Kosten in ihrem Verantwortungsbereich erkennen, beeinflussen und wirtschaftlich handeln.
- Einsatz von Controlling-Instrumenten zur Planung, Steuerung und Überwachung von Logistikprozessen.
- Nutzung betrieblicher Kennzahlen (z. B. Lagerumschlag, Termintreue, Logistikkosten) zur Prozessbewertung und Optimierung.
- Abweichungen analysieren, Durchführung von Soll-Ist-Vergleichen zur Erkennung von Abweichungen und Ableitung von Verbesserungsmaßnahmen.
- Beteiligung an der Kostenplanung, Kontrolle von Budgets und Unterstützung bei logistikbezogenen Entscheidungen.
- Controlling dient als Entscheidungsgrundlage und unterstützt die Erreichung betrieblicher und logistischer Ziele.

Beispielaufgabe:

Die Franz-Müller GmbH betreibt ein eigenes Lager mit einem kleinen Verpackungsbereich. Aktuell wird diskutiert, ob die Verpackung weiterhin intern erfolgen oder an einen externen Dienstleister ausgelagert werden soll.

Die internen Kosten setzen sich wie folgt zusammen:

- Fixkosten (Maschinen, Personal): **18.000 € pro Jahr**
- Variable Kosten je Verpackungseinheit: **0,60 €**

Der externe Anbieter verlangt **1,10 € pro Verpackungseinheit**, ohne Fixkosten.

a. Berechnen Sie die kritische Menge, ab der sich die Eigenverpackung gegenüber dem Fremdbezug lohnt.
b. Wie hoch wären die Gesamtkosten bei interner Verpackung für 30.000 Einheiten?
c. Wie hoch wären die Gesamtkosten bei Fremdverpackung für 30.000 Einheiten?
d. Welche drei nicht-monetären Faktoren sollten bei der Entscheidung ebenfalls berücksichtigt werden?
e. Beurteilen Sie: Warum sollte ein Industriemeister für eine Make-or-Buy-Entscheidung Controlling-Instrumente einsetzen?

Dieter Zacherl

Beim Thema **Arbeits-, Umwelt- und Gesundheitsschutz** geht es darum, im Betrieb für rechtssichere, gesunde und umweltgerechte Arbeitsbedingungen zu sorgen. Rechtliche Grundlagen wie ArbSchG uns ASiG müssen beherrscht werden, ebenso ist das Thema Beteiligung und Verantwortlichkeit von Betriebsrat, Fachkraft für Arbeitssicherheit und Betriebsärzte wichtig. Dieses Thema ist nicht nur für die Prüfung wichtig sondern auch im späteren Alltag unumgänglich, somit benötigen wir hier unbedingt ein fundiertes Wissen.

Ziele und Inhalte:

- Vermeidung von Arbeitsunfällen, Erkrankungen und Gefährdungen
- Einhaltung gesetzlicher Vorschriften wie ArbSchG, BetrSichV, GefStoffV
- Organisation von Unterweisungen, Gefährdungsbeurteilungen und Schutzmaßnahmen
- Zusammenarbeit mit Fachkräften für Arbeitssicherheit und Betriebsärzten
- Vorbildfunktion im Arbeits- und Umweltschutz
- Sicherstellen, dass Mitarbeitende sicher arbeiten können
- Melden und Beseitigen von Gefahrenquellen
- Unterstützung bei der Umsetzung von Schutzmaßnahmen
- Ressourcenschonung (z. B. Energie, Wasser, Material)

- Vermeidung und sachgerechte Entsorgung von Abfällen und Gefahrstoffen
- Umsetzung gesetzlicher Vorgaben (z. B. Kreislaufwirtschaftsgesetz, Immissionsschutz)

Beispielsaufgabe:

1. Die Franz-Müller GmbH möchte eine neue Verpackungsmaschine in Betrieb nehmen, Sie sind als Meister in dem Bereich verantwortlich und sollen den entsprechenden Rahmen der Arbeitssicherheit schaffen.
   a. Erklären Sie den Ablauf einer Gefährdungsbeurteilung und wer dafür, unter Nennung der gesetzlichen Grundlage, verantwortlich ist
   b. Welche drei Maßnahmen müssen Sie treffen, wenn die Anlage in Betrieb genommen wurde und die Mitarbeiter damit arbeiten sollen
   c. Beschreiben Sie das STOP-Prinzip anhand der o.g. Situation

Das **Qualitätsmanagement** umfasst alle Maßnahmen, die darauf abzielen, Produkte, Dienstleistungen und Prozesse kontinuierlich zu verbessern, um die Kundenzufriedenheit sicherzustellen und Fehler zu vermeiden, statt sie nachträglich zu beheben.

Inhalte:

- Sicherstellung gleichbleibender Qualität, Produkte und Prozesse sollen konstant den geforderten Anforderungen entsprechen.
- Vermeidung von Fehlern und Ausschuss, Null-Fehler-Prinzip durch präventives Denken (z. B. Fehlervermeidung statt Fehlerbehebung).
- Kontinuierliche Verbesserung (KVP), Prozesse werden regelmäßig hinterfragt und weiterentwickelt (z. B. durch PDCA-Zyklus).
- Einführung und Anwendung von QM-Systemen z. B. nach DIN EN ISO 9001, inklusive Dokumentation, Auditierung und Zertifizierung.
- Qualität in der täglichen Arbeit sicherstellen
- Mitarbeitende im Umgang mit Qualitätsstandards anleiten
- Qualitätsabweichungen erkennen, melden und beheben
- Vorschläge zur Prozessverbesserung einbringen
- Mitarbeiterqualifikationsmatrix

Beispielsaufgabe:

1. In der Fertigungsabteilung kommt es wiederholt zu Reklamationen, weil bei einem Bauteil die Bohrungen nicht maßhaltig sind. Die Abweichungen treten nur an einer von drei Maschinen auf. Die Geschäftsleitung fordert von Ihnen eine

systematische Analyse und einen Verbesserungsvorschlag auf Basis der Qualitätsmanagementmethoden.

a. Beschreiben Sie den Ablauf des PDCA-Zyklus und ordnen Sie den Fall aus der Praxis einem konkreten Schritt zu.
b. Welche Maßnahme wäre geeignet, um die Ursache systematisch zu analysieren? Nennen Sie eine geeignete QM-Methode.
c. Schlagen Sie eine mögliche Sofortmaßnahme und eine langfristige Lösung vor.
d. Wie können Mitarbeitende im Qualitätsprozess eingebunden werden? Nennen Sie zwei konkrete Ansätze.
e. Warum ist Dokumentation im Qualitätsmanagement wichtig? Geben Sie ein Beispiel.

Die genannten Übungsaufgaben sollen nur einen ersten Eindruck wiedergeben, in welche Richtung die Aufgaben gehen.

Die Prüfungsaufgaben sind deutlich umfangreicher und mehr an die Situation gebunden, darum solltest Du unbedingt mit den alten Prüfungen der letzten 3-4 Jahre arbeiten und ein Gefühl für die Aufgaben zu bekommen.

Wie bereits zuvor beschrieben, ist eine Abgrenzung der verschiedenen Prüfungsbereiche fließend.

Hinweis:

In meiner Praxis als Trainer und Nachhilfelehrer habe ich festgestellt, dass die Durchfallquoten bei der BQ und im Fachgespräch deutlich höher sind als bei der HQ. Der Hauptgrund ist in meinen Augen der Zeitdruck bei der BQ und die fehlenden Vorbereitungs-Konzepte beim Fachgespräch.

5
Das Fachgespräch

Das Fachgespräch – Die Königsdisziplin der Industriemeister-Ausbildung

Das Fachgespräch ist ein wichtiger Bestandteil der Industriemeisterprüfung und dient dazu, die Fähigkeit der Prüflinge zu bewerten, praxisbezogene Aufgabenstellungen zu analysieren, zu strukturieren und geeignete Lösungen zu präsentieren. Es umfasst in der Regel eine zu erstellende Präsentation, gefolgt von einem vertiefenden Gespräch (Fragerunde) mit dem Prüfungsausschuss.

Hauptinhalt sollte das Thema Personalführung und Personalentwicklung sein, typische „Schlagworte" sind Jobrotation, Assessment-Center, Abbau von Personal, Personalplanung...

Der Termin des Fachgespräches ist je nach IHK und Teilnehmerzahl irgendwo 1 - 8 Wochen nach der HQ-Prüfung. Wenn die HQ also im Mai ist, kann man von Anfang Juni bis Ende Juli mit einem Termin rechnen. Meistens erfährt man im Gespräch nicht, ob man die HQ bestanden hat, da die Prüfungsergebnisse aus der schriftlichen Prüfung noch nicht vorliegen.

Ob man das Fachgespräch bestanden hat, erfährt man immerhin direkt vom Prüfungsausschuss.

Ablauf des Fachgesprächs:

Handlungsauftrag: Zu Beginn erhält der Prüfling eine schriftliche Situationsaufgabe, die sich auf eine betriebliche Ausgangssituation bezieht. Diese Aufgabe deckt den Handlungsbereich "Führung und Personal" ab, kann jedoch auch Aspekte aus "Technik" und "Organisation" enthalten.

Vorbereitungszeit: Nach Erhalt des Handlungsauftrags steht dem Prüfling eine Vorbereitungszeit von 30 Minuten zur Verfügung, um eine Präsentation zu erstellen. Hierbei können Hilfsmittel wie Metaplan-Technik, Flipchart oder Pinnwand genutzt werden.

Präsentation: Anschließend präsentiert der Prüfling seine erarbeiteten Lösungsansätze in 12-15 Minuten vor dem Prüfungsausschuss. Die Präsentation sollte klar strukturiert sein und praxisübliche Mittel zur Darstellung nutzen. Ich habe von einzelnen IHKs gehört, die die Präsentationszeit auf 10 Minuten reduziert haben, sollte man unbedingt nachfragen, da dies für die Vorbereitung wichtig ist.

Fachgespräch: Im Anschluss an die Präsentation folgt ein vertiefendes Gespräch, in dem der Prüfling seine Lösungsansätze begründet und mit den Prüfern erörtert. Hierbei werden sowohl Fachkompetenz als auch Methoden- und Kommunikationskompetenz bewertet. Das Fachgespräch ähnelt ein wenig der AEVO-Prüfung, auch hier werden diverse Themen abgefragt, einem Meister würdigen Fachwissen sollte also vorhanden sein.

Eine gründliche Vorbereitung auf das Fachgespräch ist entscheidend für den erfolgreichen Abschluss der Industriemeisterprüfung. Nutze die zur Verfügung stehenden Ressourcen und Trainingsmöglichkeiten, um deine Kompetenzen optimal zu präsentieren.

Die Prüfer möchten gerne eine Person sehen, die gut vorbereitet ist und der Vorstellung eines Industriemeisters entspricht. Ein gepflegtes Erscheinungsbild, korrekte Nutzung der „IHK-Sprache" sowie ein professionelles Auftreten sind obligatorisch.

Das Fachgespräch sehe ich als den absoluten Höhepunkt der Fortbildung, hier kannst Du mit dem Selbstbewusstsein auftreten, sehr viel erreicht zu haben. Dies darf man schon mit einem gewissen Stolz sagen, da ein langer und harter Weg hinter dir liegt.

Somit sollte hier der Beweis erbracht werden, dass ein hochmotivierter und bestens qualifizierter Industriemeister vor dem Prüfungsausschuss steht, der sich durchgeboxt hat und auch eine positive, persönliche Veränderung erlebt hat.

Der Schwerpunkt bei meinen angebotenen Kursen liegt tatsächlich bei diesem Fach, da ich selbst bei meinem eigenen Meisterkurs keinerlei Vorbereitung dazu hatte. Mittlerweile habe ich schon über 50 Schüler durch das Fachgespräch geleitet und ich kann sagen, dass die Prüfung zu schaffen ist, wenn man sich entsprechend intensiv und gut darauf vorbereitet hat.

Das größte Risiko bei der Präsentation ist, das Thema zu verfehlen.

Im anschließenden Fachgespräch sollten die fachlichen Themen sitzen. Obwohl die Schwerpunkte auf Personal und Führung liegen sollten, kommen in der Praxis sehr häufig Fragen vor, die sich auf operative Themen beziehen. Somit ist also alles möglich.

Wenn du bei einer Frage keine Antwort weißt, solltest du dir Gedanken machen, wie du so eine Situation im Arbeitsalltag beantworten würdest, wenn dich zum Beispiel ein Mitarbeiter etwas fragt.

Mein persönlicher Ratschlag wäre, die Lücke einzugestehen und anzubieten, die Antwort nachzuliefern. Man kann nicht alles wissen, aber der richtige Umgang damit ist entscheidend:

Lösungsorientiert vorgehen.

Die Bewertung der Präsentation liegt bei 1/3, das situative Fachgespräch wird mit 2/3 bewertet. Die Prüfer haben Bewertungstabellen, da werden alle möglichen Kriterien dokumentiert und bewertet

Beispielsaufgabe:

Ausgangssituation zur Präsentation:

Sie sind Logistikmeister in einem zentralen Distributionslager eines Handelsunternehmens mit 50 Mitarbeitenden. Aufgrund von steigenden Auftragszahlen und saisonalen Schwankungen kommt es regelmäßig zu Engpässen im Kommissionier-Bereich.

Mehrere Mitarbeitende haben sich über hohe Arbeitsbelastung, fehlende Kommunikation mit der Schichtleitung sowie mangelnde Einarbeitung neuer Kollegen beschwert.

Die Geschäftsleitung beauftragt Sie damit, eine Lösung zur Verbesserung der Personaleinsatzplanung und Mitarbeiterführung zu erarbeiten. Ziel ist es, die Motivation, Leistungsbereitschaft und Effizienz des Teams zu steigern – ohne die Betriebskosten deutlich zu erhöhen.

Aufgabe:

Erarbeiten und präsentieren Sie ein Konzept, um die angesprochenen Probleme zu lösen.

Typische Fragen beim anschließenden Fachgespräch:

Fragen über Fragen:

- Warum haben Sie diese Maßnahme ergriffen?
- Welche Aufgabe hat der Betriebsrat in dieser Situation?
- Wie können Sie die Einarbeitung der Mitarbeiter sicherstellen?
- Welche Qualifikationen benötigt der Ausbilder für Flurförderzeugführer?
- Welche Aufgabe hat ein Sicherheitsbeauftragter?
- Erklären Sie das Pushprinzip
- Was ist der ASA?
- In welchen Fällen kann man einen Mitarbeiter außerordentlich kündigen? Was ist, wenn dieser schwerbehindert ist?
- ...und so weiter

Wie Du siehst, ist das gesamte Spektrum möglich, immer abhängig vom Prüfungsausschuss.

Grundsätzlich kann man davon ausgehen, dass der Prüfungsausschuss aus Fachleuten besteht und wohlwollend bzw. fair gegenüber dem Prüfling auftritt.

Sicherlich gibt es immer wieder nervöse und aufgeregte Kandidaten, das ist normal und der Prüfungssituation geschuldet. Die Prüfer werden auf jeden Fall bereits bei der Begrüßung ein wenig Druck aus der Situation nehmen und zuerst den Ablauf und das Prozedere erklären.

Dennoch müssen wir uns bewusst machen, dass wir eine hohe Qualifikation anstreben und entsprechend auch in der Lage sein müssen, gegenüber unseren Mitarbeitern und Kollegen selbstbewusst aufzutreten.

Der Anspruch sollte sein, im späteren Alltag eine Sicherheitsunterweisung oder ein ernsthaftes Kritikgespräch durchführen zu können, ohne vor Angst zu zittern.

Glücklicherweise kann man dies im Vorfeld ausführlich trainieren und intensiv üben.

6

Die Herausforderungen

Der Weg zum Industriemeister ist eine anspruchsvolle Reise, die oft mehrere Jahre dauert und Körper sowie Geist stark fordert. Viele Teilnehmer absolvieren die Weiterbildung berufsbegleitend, was bedeutet, dass die ohnehin begrenzte Freizeit weiter eingeschränkt wird. Die Balance zwischen Beruf, Familie und Weiterbildung zu finden, stellt dabei eine der größten Herausforderungen dar.

Ein spannendes Beispiel dafür ist Christine, eine ehemalige Arbeitskollegin, die zuerst als Schichtleiterin im Umschlagslager arbeitete und parallel die Abendschule besuchte, um ihren Industriemeister zu machen. „Es gab Tage, an denen ich kaum die Energie aufbringen konnte, nach einer langen Schicht noch zu lernen. Aber ich wusste, es war notwendig, um mein Ziel zu erreichen," berichtet Christine. Ohne die Unterstützung ihrer Familie, die ihr den Rücken stärkte und ihr die Ruhe zum Lernen verschaffte, wäre es kaum möglich gewesen.

Das Lernen wieder lernen

Viele angehende Industriemeister haben ihre letzte schulische Ausbildung schon lange hinter sich, was die Herausforderung mit sich bringt, das Lernen selbst neu zu erlernen. Ömer, der nach fast 15 Jahren im Beruf mit der Weiterbildung begann, stellte schnell fest, dass die theoretische Arbeit ungewohnt und herausfordernd war. „Die größte Hürde war, wieder in einen Lernrhythmus zu finden. Man vergisst, wie man sich auf Prüfungen vorbereitet und große Wissensmengen aufnimmt," erklärt er.

„Zu Beginn fiel es mir schwer, den richtigen Lernrhythmus zu finden," fährt Ömer fort. „Aber nachdem ich mir einen Wochenplan erstellt hatte und kleine Erfolge sah, wurde der Berg, der vor mir lag, allmählich erklimmbar."

Der Spagat zwischen Arbeit, Familie und Lernen

Die größte Herausforderung für viele Meisterschüler ist die Doppelbelastung von Beruf und Weiterbildung. Die meisten arbeiten Vollzeit und haben zusätzlich familiäre Verpflichtungen.

Christine erinnert sich: „Es war schwierig, eine Balance zu finden. Oft musste ich auf Familienaktivitäten verzichten, um abends zu lernen. Doch ich lernte, die wenigen freien Momente bewusst zu nutzen, um Kraft zu tanken." Diese kleinen Pausen halfen ihr, den Stress zu bewältigen und die Konzentration zu halten.

Sie entwickelte ein System, bei dem sie ihre Tage im Voraus plante: „Ich setzte mir feste Lernzeiten, aber auch gezielte Erholungsphasen. Diese Struktur half mir, nicht in Stress zu geraten und mich besser auf das Lernen zu fokussieren." Für Christine waren auch kleine Erfolgserlebnisse wichtig: „Jede bestandene Prüfung und jede abgeschlossene Lerneinheit gab mir das Gefühl, auf dem richtigen Weg zu sein."

Unterstützung durch Familie und Freunde

Für viele angehende Industriemeister ist die Unterstützung durch Familie und Freunde entscheidend. Die Weiterbildung

erfordert nicht nur persönliche Opfer, sondern auch den Rückhalt des familiären Umfelds. Thomas berichtet: „Meine Frau war meine größte Stütze. Sie übernahm viele Alltagsaufgaben zu Hause, damit ich abends lernen konnte. Ohne ihre Hilfe hätte ich es nicht geschafft." Diese Unterstützung ermöglichte es ihm, sich voll auf das Lernen zu konzentrieren.

Für Thomas war diese Hilfe nicht nur praktisch, sondern auch emotional eine wichtige Stütze, um die Herausforderungen der Weiterbildung zu meistern.

Zeitmanagement und Selbstorganisation als Schlüssel zum Erfolg

Neben der Unterstützung durch das Umfeld ist ein effizientes Zeitmanagement entscheidend. Viele Meisterschüler berichten, dass sie lernen mussten, ihre Zeit besser zu organisieren, um den Anforderungen gerecht zu werden. „Am Anfang habe ich versucht, spontan zu lernen, aber das hat nicht funktioniert," erinnert sich Jens, der seine Weiterbildung neben einer 40-Stunden-Woche absolvierte. „Ich musste feste Lernzeiten einplanen und mich strikt daranhalten, sonst wäre ich überfordert gewesen."

Ein weiterer wichtiger Faktor ist die Selbstorganisation. „Die Weiterbildung verlangt viel Eigenverantwortung," erklärt Jens. „Es gibt niemanden, der einen daran erinnert zu lernen. Man muss sich selbst motivieren, dranzubleiben." Jens kombinierte digitale Lernhilfen mit physischen Lernkarten, um das Gelernte zu wiederholen und sich auf Prüfungen vorzubereiten. Diese Disziplin half ihm, sich besser zu organisieren und die Lerninhalte effektiver zu verarbeiten.

Dieter Zacherl

Handlungsvorschläge für angehende Industriemeister

1. **Effizientes Zeitmanagement**: Plane deinen Tag sorgfältig und integriere feste Lernzeiten. Auch kleine Lerneinheiten von 30 Minuten täglich können langfristig den Unterschied ausmachen. Ein gut durchdachter Zeitplan reduziert die tägliche Belastung.
2. **Einbindung der Familie**: Besprich deine Pläne mit der Familie und Freunden, damit sie dich unterstützen können. Je mehr Rückhalt du hast, desto einfacher wird es, den Anforderungen gerecht zu werden. Klare Absprachen sind entscheidend, um den Weg zum Meister zu meistern.
3. **Regelmäßiges Lernen**: Versuche, kontinuierlich zu lernen, auch wenn es nur kurze Einheiten sind. Regelmäßigkeit ist der Schlüssel, um Wissen langfristig zu verankern. Kurze, häufige Lernphasen sind oft effektiver als lange, sporadische Einheiten.
4. **Rückschläge akzeptieren**: Sei dir bewusst, dass es zu Rückschlägen kommen kann. Es wird nicht immer alles nach Plan laufen, aber das Wichtigste ist, diese Herausforderungen anzunehmen und daraus zu lernen. Gib nicht auf, sondern fokussiere dich auf den nächsten Schritt.

7
Die Vorteile

Die Weiterbildung zum Industriemeister bietet zahlreiche Vorteile im Vergleich zu anderen beruflichen oder akademischen Wegen.

Sie vereint theoretische und praktische Inhalte und vermittelt den Teilnehmern umfassendes Wissen, das direkt im beruflichen Alltag angewendet werden kann. Anders als ein Studium, das oft stark theoretisch geprägt ist, bietet die Industriemeister-Weiterbildung eine praxisnahe Ausbildung, die auf der bestehenden Berufserfahrung aufbaut.

Praxisnahes Lernen und direkte Anwendung im Beruf

Ein bedeutender Vorteil der Industriemeister-Weiterbildung ist der enge Bezug zur Praxis. Die Teilnehmer verfügen bereits über Berufserfahrung und können das Gelernte unmittelbar in ihrem Arbeitsumfeld umsetzen. Ömer, der unter anderem in seinen Logistikjahren als Lkw-Fahrer, Lagerist und Staplerfahrer tätig war, sagt: „Ich konnte das Wissen aus der Weiterbildung direkt nutzen. Es gab keine Umwege über abstrakte Konzepte – alles hatte einen klaren Bezug zu meiner täglichen Arbeit."

Flexibilität und berufsbegleitendes Lernen

Ein weiterer Pluspunkt ist die Möglichkeit, die Weiterbildung berufsbegleitend zu absolvieren. Für viele ist es nicht realisierbar, mehrere Jahre aus dem Berufsleben auszusteigen, um ein Vollzeitstudium zu absolvieren. Die Industriemeister-Weiterbildung bietet die Flexibilität, parallel zur Berufstätigkeit Qualifikationen zu erwerben. Viele Kurse finden abends oder am Wochenende statt und lassen sich gut mit einer Vollzeitstelle vereinbaren.

Zahleiche mögliche Karrierechancen

Der Industriemeister-Titel eröffnet zahlreiche Karrierechancen in unterschiedlichen Industriebereichen. Hier sind einige typische Positionen und Spezialisierungen, die nach dem Abschluss zur Verfügung stehen:

1. **Führungspositionen in der Logistik**
   Im Bereich Logistik bieten sich spannende Karrieremöglichkeiten. Mit einer Spezialisierung in

der Logistik können Industriemeister Verantwortung für die Organisation von Lieferketten, Lagerkapazitäten und die Optimierung von Materialflüssen übernehmen.

Diese Positionen erfordern ein tiefes Verständnis der betrieblichen Prozesse sowie die Fähigkeit, Teams zu führen und zu motivieren.

2. **Qualitätsmanagement**

   ndustriemeister spielen eine zentrale Rolle im Qualitätsmanagement, da sie theoretisches Wissen mit praktischen Anforderungen des Arbeitsalltags verbinden. Sie sorgen dafür, dass Produkte den Qualitätsstandards entsprechen und Produktions-prozesse kontinuierlich verbessert werden.

3. **Arbeitssicherheit und Gesundheitsmanagement**

   Mit einer zusätzlichen Weiterbildung zur Sicherheitsfachkraft (SiFa) können Industriemeister in den Bereich Arbeitssicherheit wechseln. In dieser Funktion entwickeln sie Sicherheitskonzepte, um Unfälle zu verhindern und gesetzliche Vorschriften einzuhalten.

4. **Technischer Betriebswirt**

   Für diejenigen, die ihre Kenntnisse weiter vertiefen möchten, bietet sich die Weiterbildung zum Technischen Betriebswirt an. Diese kombiniert technische und betriebswirtschaftliche Inhalte und bereitet auf Führungspositionen im mittleren und oberen Management vor.

5. **Ausbildungsleiter oder Ausbilder**
Industriemeister haben die Möglichkeit, eine Karriere im Ausbildungsbereich einzuschlagen. Als Ausbilder oder Ausbildungsleiter können sie ihre Erfahrung an junge Fachkräfte weitergeben und den Nachwuchs fördern.

Berufliche Anerkennung und Gehaltssteigerung

Neben erweiterten Karrieremöglichkeiten geht die Weiterbildung zum Industriemeister oft mit finanziellen Vorteilen einher. Viele Absolventen berichten, dass sie nach dem Abschluss eine Gehaltserhöhung erhielten oder für besser bezahlte Positionen in Betracht gezogen wurden. Die Investition in die Weiterbildung zahlt sich somit nicht nur in Form neuer Perspektiven, sondern auch finanziell aus.

Handlungsvorschläge für angehende Industriemeister

1. **Praxis und Theorie verknüpfen:** Nutze die Weiterbildung, um das Gelernte direkt in deinem Arbeitsalltag anzuwenden. Suche aktiv nach Verbindungen zwischen theoretischen Inhalten und praktischen Aufgaben, um das Wissen nachhaltig zu festigen.

2. **Berufsbegleitend weiterbilden:** Überlege, wie du die Flexibilität der Meisterweiterbildung optimal nutzen kannst, um weiterhin berufstätig zu bleiben und gleichzeitig deine Karriere voranzutreiben. Plane deine Weiterbildung so, dass sie sich nahtlos in deinen Alltag einfügt.
3. **Karrieremöglichkeiten prüfen:** Informiere dich über die verschiedenen Aufstiegsmöglichkeiten, die dir mit dem Meistertitel offenstehen. Setze dir klare Ziele und entwickle einen Plan, wie du diese Chancen gezielt nutzen möchtest, um deine berufliche Laufbahn voranzutreiben.

8
Eigenschaften des Meisters

Erfolgreiche Industriemeister zeichnen sich nicht nur durch technisches Wissen und berufliche Kompetenz aus, sondern auch durch ihre innere Einstellung, ihre Fähigkeit zur Teamarbeit und ihre Bereitschaft, sich kontinuierlich weiterzuentwickeln. Diese Kombination aus fachlichen und persönlichen Fähigkeiten bildet die Grundlage für langfristigen Erfolg bei der Führung von Teams und der Steuerung komplexer Prozesse. Besonders entscheidend sind innere Motivation und Selbstdisziplin – Eigenschaften, die auch in der Persönlichkeitsentwicklung häufig betont werden.

Fachkompetenz und technisches Know-how

Die Basis eines erfolgreichen Industriemeisters ist seine fachliche Kompetenz. Diese umfasst nicht nur technisches Wissen, sondern auch ein tiefes Verständnis der

Produktionsprozesse und ihrer Optimierungsmöglichkeiten. Die Weiterbildung vermittelt theoretische Inhalte, die stets mit praxisnahen Beispielen aus der Industrie verknüpft sind.

Thomas erzählt: „Ich muss genau wissen, wie jeder Prozess in unserem Wareneingang funktioniert, um Probleme schnell zu erkennen und Lösungen zu finden." Dieses Wissen stärkt das Selbstvertrauen und sorgt dafür, dass der Industriemeister als Experte anerkannt wird.

Führungsqualitäten und Kommunikationsfähigkeit

Neben der fachlichen Kompetenz sind Führungsqualitäten entscheidend. Ein erfolgreicher Industriemeister muss in der Lage sein, Teams zu leiten, klare Anweisungen zu geben, Mitarbeiter zu motivieren und Konflikte zu lösen. Dazu gehört auch ein empathisches Verständnis für die Bedürfnisse der Mitarbeiter.

Motivationstrainer wie Simon Sinek betonen die Bedeutung der Inspiration durch Führungskräfte. Sinek spricht oft über das „Warum" – also die Motivation hinter einer Organisation oder einer Führungskraft. Ein erfolgreicher Industriemeister inspiriert sein Team durch ein klares Verständnis der gemeinsamen Ziele und zeigt, warum ihre Arbeit wichtig ist.

Jens erinnert sich: „Am Anfang meiner Karriere fiel es mir schwer, Anweisungen zu geben, ohne zu fordern. Ich lernte, dass klare Kommunikation und die Bereitschaft zuzuhören der Schlüssel sind. Es ist wichtig, ein Umfeld zu schaffen, in dem sich die Mitarbeiter verstanden und wertgeschätzt fühlen."

Organisationstalent und Zeitmanagement

Die Verantwortung für Planung und Steuerung erfordert effektives Zeitmanagement und Organisationstalent. Mehrere Aufgaben gleichzeitig zu bewältigen und Prioritäten richtig zu setzen, ist entscheidend. Zeitmanagement-Experten wie Brian Tracy und David Allen betonen, wie wichtig es ist, die schwierigsten Aufgaben zuerst zu erledigen.

Ein Freund von mir, arbeitet bei Bosch als Produktionsleiter und erklärte mir auf die Frage wie er mit Stress umgeht: „Ich habe gelernt, meinen Tag genau zu planen. Wenn man die Prozesse im Blick haben muss, ist es wichtig, die wichtigsten Aufgaben zu priorisieren und den Überblick zu behalten."

Ein gut strukturiertes Zeitmanagement reduziert Stress und trägt dazu bei, dass die Produktion reibungslos verläuft.

Problemlösungsfähigkeit und Entscheidungsfreude

Problemlösungsfähigkeiten sind essenziell für einen Industriemeister. In einem dynamischen Umfeld müssen

Entscheidungen oft unter Zeitdruck getroffen werden. Dies erfordert eine schnelle Analyse der Situation und den Mut, schwierige Entscheidungen zu treffen. Ein erfolgreicher Industriemeister bleibt auch in stressigen Situationen ruhig und konzentriert.

Motivationstrainer wie Tony Robbins betonen die Bedeutung mutiger Entscheidungen. Robbins sagt: „Erfolg wird nicht durch das Vermeiden von Fehlern definiert, sondern durch die Fähigkeit, schnell zu handeln und Verantwortung zu übernehmen."

Thomas stimmt hier voll zu: „Stillstand in der Produktion kann teuer sein. Man muss in der Lage sein, schnell zu entscheiden und diese Entscheidungen auch zu vertreten."

Anpassungsfähigkeit und Lernbereitschaft

Die Industrie entwickelt sich ständig weiter, und erfolgreiche Führungskräfte sind bereit, sich an diese Veränderungen anzupassen. Anpassungsfähigkeit und kontinuierliche Lernbereitschaft sind unerlässlich. Technologische Fortschritte und neue Produktionsmethoden erfordern ständige Weiterbildung.

Persönlichkeitsentwickler wie Les Brown betonen die Wichtigkeit von kontinuierlichem Lernen und persönlichem Wachstum. Brown sagt: „Du musst bereit sein, den

Preis zu zahlen, um das zu werden, was du sein möchtest."

Jens, der nach dem Meistertitel vor kurzem eine Weiterbildung zum Technischen Betriebswirt begonnen hat, berichtet: „Der Industriemeister war nur der Anfang. Man muss sich ständig weiterbilden, um auf dem neuesten Stand zu bleiben."

Innere Einstellung, Motivation und Fleiß

Die innere Einstellung ist ein entscheidender Erfolgsfaktor. Erfolg beginnt im Kopf – dies betonen auch Motivationstrainer wie Eric Thomas und Zig Ziglar. Ein Industriemeister muss motiviert sein, seine Aufgaben zu erfüllen, auch wenn es schwierig wird. Diese innere Motivation, gepaart mit Fleiß und Disziplin, ermöglicht es, auch unter schwierigen Bedingungen erfolgreich zu sein.

Eric Thomas, bekannt als „ET", spricht oft darüber, dass Erfolg harte Arbeit und unermüdliches Engagement erfordert: „Du musst bereit sein, so hart zu arbeiten wie nie zuvor, um die Früchte deines Erfolgs zu ernten." Diese Mentalität spiegelt sich auch im Alltag eines Industriemeisters wider.

Christine, die natürlich gelernt hat, sich in der „Männerdomäne" Logistik durchzubeißen, erklärt: „Es gibt harte Tage, aber es ist der Wille, etwas zu erreichen, der einen antreibt."

Handlungsvorschläge

1. **Führungsqualitäten durch Training verbessern**: Investiere in Seminare und Soft-Skill-Trainings, um deine Führungsfähigkeiten zu stärken. Lerne von Experten wie Simon Sinek und Tony Robbins, wie wichtig es ist, durch Kommunikation, Inspiration und Verantwortungsbewusstsein zu führen.
2. **Kontinuierlich lernen**: Halte dich über neue Entwicklungen auf dem Laufenden und investiere in deine Weiterbildung. Nutze Online-Plattformen und andere Ressourcen, um dein Wissen zu erweitern.
3. **Selbstdisziplin und Motivation stärken**: Arbeite an deiner inneren Einstellung, um auch in schwierigen Zeiten motiviert zu bleiben. Lass dich von Persönlichkeitsentwicklern wie Eric Thomas und Les Brown inspirieren, die den Wert von harter Arbeit und unerschütterlicher Motivation betonen.

9
Sozialkompetenz

Neben technischer und fachlicher Expertise spielt die soziale Kompetenz eine zentrale Rolle im Alltag eines Industriemeisters. Sie ist der Schlüssel, um Teams erfolgreich zu leiten, Konflikte zu lösen und ein produktives Arbeitsumfeld zu schaffen. Ein Industriemeister, der sich nicht nur als Fachkraft, sondern auch als vertrauenswürdige Führungspersönlichkeit etabliert, ist in der Lage, sein Team zu Höchstleistungen zu motivieren und die Arbeitsatmosphäre positiv zu gestalten.

Die Förderung dieser positiven Eigenschaften hat auch im privaten Bereich Auswirkungen, dein Blick und das Verständnis für die Mitmenschen wird sich garantiert verändern. Dies gehört zu deiner Entwicklung unbedingt dazu.

Teamführung und Motivation

Eine der Hauptaufgaben eines Industriemeisters besteht darin, sein Team zu führen und zu motivieren. Dabei geht es nicht nur um die Weitergabe von Anweisungen, sondern auch darum, das Vertrauen und den Respekt der Mitarbeiter zu gewinnen. Effektive Teamführung erfordert Empathie, die Fähigkeit zuzuhören, und das Eingehen auf die individuellen Bedürfnisse der Mitarbeiter. Führungskräfte wie Brené Brown betonen die Bedeutung von verletzlicher und authentischer Führung, um Vertrauen aufzubauen.

Die eher etwas ruhige Christine berichtet: „Ich habe gelernt, dass mein Team nicht nur fachliche Anweisungen braucht, sondern auch Unterstützung und Anerkennung. Nur wenn die Mitarbeiter das Gefühl haben, wertgeschätzt zu werden, bringen sie ihre beste Leistung. Ich möchte als Vorbild dienen."

Konfliktmanagement

Konflikte sind in jeder Arbeitsumgebung unvermeidlich. Der Unterschied zwischen einem gut funktionierenden und einem dysfunktionalen Team liegt oft darin, wie Konflikte gelöst werden. Eine gute Führungskraft muss Spannungen frühzeitig erkennen und konstruktiv angehen. Techniken der gewaltfreien Kommunikation, die von Marshall Rosenberg entwickelt wurden, können helfen, Konflikte durch offene und respektvolle Kommunikation zu entschärfen.

„Es ist wichtig, Konflikte nicht zu ignorieren," erklärt Thomas, der schon viele „Kämpfe" ausgetragen hat. „Früher habe ich gehofft, dass Probleme sich von selbst lösen, aber das ist selten der Fall. Heute gehe ich Konflikte direkt an, höre allen Beteiligten zu und finde oft gemeinsam Lösungen."

Vertrauensaufbau **und Authentizität**

Vertrauen ist die Grundlage jeder erfolgreichen Führungsposition. Mitarbeiter müssen sich darauf verlassen können, dass ihr Vorgesetzter transparent, ehrlich und zuverlässig ist. Simon Sinek betont, dass authentische Führungskräfte, die ihre eigenen Schwächen zugeben, leichter das Vertrauen ihrer Teams gewinnen.

Ömer berichtet: „Ich habe gelernt, dass ich nicht immer alles wissen muss. Meine Mitarbeiter respektieren es, wenn ich offen zugebe, dass ich Fehler mache oder etwas nicht weiß. Diese Authentizität schafft eine Grundlage für ehrliche Zusammenarbeit."

Kommunikationsfähigkeit und emotionale Intelligenz

Kommunikation ist das Herzstück jeder erfolgreichen Führung. Der Industriemeister muss komplexe Informationen verständlich übermitteln und sicherstellen, dass alle Mitarbeiter wissen, was von ihnen erwartet wird. Emotionale Intelligenz ist hierbei entscheidend, um die

Stimmungen und Bedürfnisse der Mitarbeiter zu erkennen und angemessen darauf zu reagieren.

Persönlichkeitsentwickler wie Daniel Goleman haben betont, dass emotionale Intelligenz genauso wichtig, wenn nicht sogar wichtiger ist als fachliche Kompetenz. Die Fähigkeit, eigene Emotionen zu steuern und die Gefühle der Mitarbeiter zu verstehen, fördert ein harmonisches und produktives Arbeitsumfeld.

Soziale Verantwortung und Vorbildfunktion

Ein Industriemeister trägt nicht nur die Verantwortung für die Produktion, sondern auch für das soziale Klima am Arbeitsplatz. Als Führungskraft ist es wichtig, ein Vorbild zu sein – in der Arbeitseinstellung sowie in ethischen und moralischen Fragen. Respekt, Fairness und Inklusion sollten aktiv vorgelebt werden.

Christine erklärt ihre Methode: „Ich versuche, das Verhalten vorzuleben, das ich von meinem Team erwarte. Wenn ich möchte, dass meine Mitarbeiter pünktlich, ehrlich und engagiert sind, muss ich selbst mit gutem Beispiel vorangehen."

Ein „dickes Fell" als Führungskraft

Als Führungskraft ist es unerlässlich, ein „dickes Fell" zu haben und Kritik nicht persönlich zu nehmen. Entscheidungen werden nicht immer auf Zustimmung stoßen, und es ist wichtig, auch in schwierigen Situationen ruhig und professionell zu bleiben. Jocko Willink, ein ehemaliger Navy SEAL-Kommandant, spricht über „Extreme Ownership" – die vollständige Verantwortung für alle Aspekte des Teams zu übernehmen und in Stresssituationen widerstandsfähig zu bleiben.

„Mit der Zeit habe ich gelernt, dass es Teil der Rolle ist, auch unangenehme Entscheidungen zu treffen," erzählt Jens. „Man kann es nicht immer allen recht machen. Wichtig ist, dass Entscheidungen fundiert sind und man dabei professionell bleibt."

Handlungsvorschläge

1. **Konflikte frühzeitig ansprechen**: Entwickle deine Fähigkeit, Konflikte frühzeitig zu erkennen und anzugehen. Nutze Techniken der gewaltfreien Kommunikation, um Spannungen zu entschärfen.
2. **Vertrauen aufbauen**: Sei authentisch und transparent in deiner Kommunikation. Schaffe eine Kultur des Vertrauens, indem du offen über Fehler sprichst und Verantwortung übernimmst.
3. **Emotionale Intelligenz stärken**: Arbeite daran, die Stimmungen und Bedürfnisse deiner Mitarbeiter besser zu verstehen. Eine ausgeprägte emotionale Intelligenz trägt zu einer positiven Arbeitsatmosphäre bei.

4. **Ein „dickes Fell" entwickeln**: Lerne, konstruktiv mit Kritik umzugehen und dich nicht entmutigen zu lassen. Nutze negatives Feedback als Chance für persönliches Wachstum.

Anekdote: Berufliche Unterstützung und persönliche Motivation

Als ich mich für die Meisterausbildung entschied, teilte ich meinem damaligen Chef meine Pläne mit. Seine Reaktion war allerdings nicht das, was ich erwartet hatte. Anstatt Begeisterung oder Unterstützung zu zeigen, wirkte er eher skeptisch und meinte: „Ich werde dir keine Steine in den Weg legen."

Diese Reaktion enttäuschte mich sehr, motivierte mich aber gleichzeitig enorm. Ich entwickelte die Einstellung: „Ich zeige es ihm!" und war fest entschlossen, alles zu geben, um meinen Weg erfolgreich zu gehen.

Die Meisterausbildung neben meiner Führungsposition war eine große Herausforderung. Lange Arbeitstage und viele Überstunden machten das Lernen abends und an den Wochenenden zu einem echten Kraftakt. Doch ich biss mich durch – die Wochenenden wurden zu intensiven Lernmarathons.

Rückblickend war es wie der metaphorische Aufstieg auf den Mount Everest. Diese Erfahrung hat mir gezeigt, dass ich auch scheinbar unüberwindbare Hindernisse überwinden kann. Ich habe dabei nicht nur beruflich, sondern auch persönlich enorm viel gelernt und erkannt, was ich erreichen kann, wenn ich mir ein Ziel setze.

10
Die Rolle des Industriemeisters

Die Rolle des Industriemeisters hat sich in den letzten Jahrzehnten erheblich verändert. Während er früher vor allem als technischer Experte galt, der den reibungslosen Produktionsablauf sicherstellte, wird heute weitaus mehr von ihm erwartet. Der moderne Industriemeister ist nicht nur Spezialist für Produktionsprozesse, sondern auch eine Führungskraft, die Verantwortung für Mitarbeiter, Produktqualität und die Einhaltung von Sicherheits- sowie Umweltstandards trägt. In einer sich schnell wandelnden Arbeitswelt muss er sich kontinuierlich an neue Anforderungen anpassen.

Technologische Veränderungen und Automatisierung

Die rasante Entwicklung der Technologie hat die Logistik- und Produktionslandschaft grundlegend verändert. Automatisierung und Digitalisierung haben die Art und

Weise, wie produziert wird, revolutioniert. Der Industriemeister ist heute dafür verantwortlich, diese neuen Technologien in die Produktionsprozesse zu integrieren und deren Einsatz zu überwachen. Gleichzeitig muss er sein Team auf den Umgang mit diesen Technologien vorbereiten und sicherstellen, dass die Maschinen reibungslos funktionieren.

Thomas, der schon einige Erneuerungen erlebt hat, erklärt: „Früher war es einfacher, den Produktionsprozess zu steuern. Heute muss ich ständig auf dem Laufenden bleiben, was neue Technologien betrifft, und meine Mitarbeiter schulen, um wettbewerbsfähig zu bleiben."

Nachhaltigkeit und Umweltschutz

Nachhaltigkeit spielt in der heutigen Arbeitswelt eine immer wichtigere Rolle. Unternehmen stehen zunehmend unter Druck, umweltfreundlicher zu produzieren und ihre CO_2-Emissionen zu reduzieren. Der Industriemeister trägt maßgeblich dazu bei, diese Ziele zu erreichen, indem er ressourcenschonende Produktionsmethoden fördert und die Einhaltung von Umweltstandards sicherstellt.

„Es ist meine Aufgabe als Industriemeister, nicht nur effizient, sondern auch nachhaltig zu arbeiten," betont Jens, der in der Lebensmittelindustrie tätig ist. „Wir achten darauf, den Energieverbrauch zu reduzieren und Abfälle zu minimieren, um unseren Beitrag zum Umweltschutz zu leisten."

Mitarbeiterführung und Personalentwicklung

Neben seiner technischen Expertise ist der Industriemeister auch für die Entwicklung seiner Mitarbeiter verantwortlich. In Zeiten des Fachkräftemangels ist es wichtiger denn je, in die Weiterbildung der Mitarbeiter zu investieren, ihre Kompetenzen auszubauen und ihnen Perspektiven im Unternehmen aufzuzeigen. Eine starke Personalentwicklung trägt zur Stärkung des Unternehmens bei.

Ömer, Mitarbeiter in einem kleinen mittelständischen Betrieb, sagt: „Es ist entscheidend, in die Mitarbeiter zu investieren. Wenn sie sich weiterentwickeln, profitieren nicht nur sie, sondern das gesamte Unternehmen. Außerdem macht es mir meine Arbeit deutlich einfacher, wenn meine Kollegen auf dem gleichen Wissensstand sind."

Sicherheit und Arbeitsschutz

Die Sicherheit am Arbeitsplatz hat in der modernen Arbeitswelt oberste Priorität. Der Industriemeister trägt die Verantwortung für die Einhaltung der Arbeitsschutzvorschriften und muss sicherstellen, dass alle Mitarbeiter die Sicherheitsstandards kennen und anwenden.

Dies umfasst den richtigen Umgang mit Maschinen und das Verhalten in Notfällen.

Jens, dem in seiner Position auch Unternehmeraufgaben übertragen wurde, erklärt: „Ich lege großen Wert darauf, dass meine Mitarbeiter regelmäßig an Sicherheitsunterweisungen teilnehmen. Die Sicherheit steht bei uns immer an erster Stelle, denn Unfälle können schwerwiegende Folgen für alle Beteiligten haben."

Qualitätssicherung und Prozessoptimierung

Ein weiterer wichtiger Aufgabenbereich des Industriemeisters ist die Qualitätssicherung. Er ist dafür verantwortlich, die Produktionsprozesse so zu optimieren, dass die Produktqualität konstant hoch bleibt. Dazu gehört die Überwachung der Abläufe, das Erkennen von Fehlerquellen und die Umsetzung von Maßnahmen zur Prozessverbesserung.

Thomas beschreibt es so: „Wir arbeiten kontinuierlich daran, unsere Prozesse zu optimieren. Es geht nicht nur darum, Kosten zu senken, sondern auch die Qualität zu steigern. Ein gutes Qualitätsmanagement hilft uns, Fehler zu vermeiden und unsere Produkte wettbewerbsfähig zu halten."

Handlungsvorschläge

1. **Technologieintegration vorantreiben**: Halte dich über die neuesten technologischen Entwicklungen auf dem Laufenden und integriere sie in die Produktionsprozesse. Stelle sicher, dass dein Team im Umgang mit neuen Technologien geschult ist.
2. **Nachhaltigkeit fördern**: Identifiziere Maßnahmen, um die Produktionsprozesse nachhaltiger zu gestalten. Achte besonders auf den Energieverbrauch und die Abfallreduzierung, um den Umweltschutz zu verbessern.
3. **Mitarbeiterentwicklung unterstützen**: Investiere in die Weiterbildung deiner Mitarbeiter. Biete Schulungen und Weiterbildungen an, um ihre Fähigkeiten zu stärken und ihre Motivation zu steigern.
4. **Sicherheitsstandards einhalten**: Sorge dafür, dass alle Mitarbeiter regelmäßig an Sicherheitsunterweisungen teilnehmen und die Arbeitsschutzvorschriften strikt befolgen. Sicherheitsmanagement sollte oberste Priorität haben.
5. **Prozessoptimierung vorantreiben**: Überwache kontinuierlich die Produktionsabläufe und setze Maßnahmen zur Prozessverbesserung um, um die Qualität der Produkte und die Effizienz der Produktion zu steigern.

Bewahre unbedingt die Bereitschaft, dich zu verändern, dies ist eine unglaubliche Eigenschaft, die sehr viele Leute verloren haben und jede Veränderung als Störung empfinden.

„Früher war alles besser", ist der Standardsatz, den wir lieber vergessen sollten. „Früher war alles anders" könnte man noch unterschreiben, ob es besser war, ist zu bezweifeln...

der Mitarbeiter am Arbeitsplatz und sorgen für die Einhaltung gesetzlicher Vorschriften.

Die Ausbildung wurde reformiert, hier ist der Zugang deutlich länger und komplexer geworden. Perspektivisch ist das eine sehr attraktive Möglichkeit, da sehr viele SiFas fehlen.

Die SiFa-Weiterbildung umfasst unter anderem:

- Rechtliche Grundlagen des Arbeitsschutzes
- Gefährdungsbeurteilungen und Risikomanagement
- Maßnahmen zur Unfallverhütung
- Ergonomie und Gesundheitsschutz
- Brandschutz und Notfallmanagement

Alternative: Für Meister, die sich intensiver mit Umweltschutz und Nachhaltigkeit beschäftigen möchten, bietet sich die Weiterbildung zum Umweltbeauftragten an.

3. Ausbilder für Staplerfahrer und andere Spezialausbildungen

Viele Unternehmen benötigen qualifizierte Ausbilder, um Mitarbeiter in speziellen Bereichen zu schulen. Als Ausbilder für Staplerfahrer trägt der Industriemeister nicht nur die fachliche Verantwortung, sondern sorgt auch dafür, dass sicherheitsrelevante Vorgaben eingehalten werden.

Alternative: Neben der Funktion als Ausbilder für Staplerfahrer können Industriemeister auch als Ladungssicherungsexperten oder Ausbilder für Gefahrguttransport tätig werden.

4. Ausbildungsbeauftragter

Der Ausbildungsbeauftragte spielt eine zentrale Rolle in der betrieblichen Ausbildung. Er organisiert und koordiniert die Ausbildung von Fachkräften, betreut Auszubildende und vermittelt Fachwissen. Diese Position erfordert pädagogische Fähigkeiten sowie die Fähigkeit, Ausbildungsinhalte strukturiert und praxisnah zu vermitteln.

Alternative: Für Meister, die eine intensivere Betreuung von Auszubildenden übernehmen möchten, ist der Weg zum Ausbildungsleiter eine interessante Option.

5. Führungslaufbahn im Unternehmen

Eine häufige Karriereoption nach dem Industriemeister ist der Aufstieg in eine Führungsposition innerhalb des Unternehmens. Industriemeister können leitende Funktionen in der Produktion, im Qualitätsmanagement oder anderen Abteilungen übernehmen. Solche Positionen bieten nicht nur die Möglichkeit, mehr Verantwortung zu tragen, sondern auch strategische Entscheidungen zu treffen, die das Unternehmen nachhaltig beeinflussen.

11

Karrierewege

Der Meistertitel eröffnet zahlreiche Karriere- und Weiterbildungsmöglichkeiten, die je nach individuellen Interessen und beruflichen Zielen vielfältig sind. Für viele ist der Meistertitel ein Sprungbrett in die nächste Karrierestufe, während andere ihre Fähigkeiten weiter vertiefen oder sich auf spezielle Bereiche fokussieren möchten. In diesem Kapitel werden die gängigsten Weiterbildungs- und Karrieremöglichkeiten nach dem Industriemeister detailliert vorgestellt.

Technischer Betriebswirt (IHK)

Der Technische Betriebswirt ist eine der beliebtesten Weiterbildungen nach dem Industriemeister. Diese Qualifikation vereint technisches Fachwissen mit betriebswirtschaftlichem Know-how und befähigt Absolventen, Managementrollen zu übernehmen. Die Weiterbildung richtet sich speziell an Meister und Techniker, die ihre

Kenntnisse in Unternehmensführung und Betriebswirtschaft erweitern möchten.

Typische Inhalte der Weiterbildung sind:

- Betriebswirtschaftliche Grundlagen
- Unternehmensführung und -steuerung
- Rechnungswesen und Controlling
- Investition und Finanzierung
- Marketing und Vertrieb

Für Industriemeister, die sich langfristig im Management etablieren möchten, ist der Technische Betriebswirt ideal. Die Kombination aus technischer Expertise und betriebswirtschaftlichem Verständnis ermöglicht es, operative Entscheidungen fundiert zu treffen und dabei das Gesamtbild im Auge zu behalten.

Alternative: Für diejenigen, die stärker im technischen Bereich bleiben möchten, kann die Weiterbildung zum Geprüften Technischen Fachwirt eine passende Option sein.

2. Sicherheitsfachkraft (SiFa)

Die Qualifikation zur Sicherheitsfachkraft (SiFa) ist eine attraktive Weiterbildung für Industriemeister, die Verantwortung für Arbeitsschutz und Sicherheit übernehmen wollen. Sicherheitsfachkräfte entwickeln, implementieren und überwachen Maßnahmen zum Schutz

Alternative: Eine spannende Option ist der Wechsel in den Bereich des Lean Managements oder der Prozessoptimierung, wo die Verbesserung von Effizienz und Qualität im Mittelpunkt steht.

6. Technologischer Wandel und neue Spezialisierungen

Der technologische Wandel, insbesondere im Rahmen von Industrie 4.0, eröffnet neue Karrierewege für Industriemeister. Mit der zunehmenden Automatisierung, dem Einsatz künstlicher Intelligenz und der Datenanalyse entstehen neue Anforderungen und Chancen in der Produktion. Der Industriemeister kann hier durch gezielte Weiterbildungen in Bereichen wie Robotik, Automatisierung oder Datenanalyse seine Fähigkeiten erweitern.

Alternative: Eine Spezialisierung im Bereich der KI oder Automatisierung kann zukunftsweisend sein, um sich in der modernen Logistik- und Produktionswelt weiterzuentwickeln.

Handlungsvorschläge

1. **Weiterbildungen sorgfältig planen**: Überlege, welche Weiterbildungsoptionen am besten zu deinen beruflichen Zielen passen. Je nach Präferenz und Karriereziel könnte der Technische Betriebswirt oder der Fachwirt für Logistik (ohne

großen Mehraufwand, da der Meister höher bewertet wird) geeignete nächste Schritte sein.
2. **Spezialisierungen und zusätzliche Qualifikationen**: Nutze die Möglichkeit, dich in spezifischen Bereichen weiterzubilden, beispielsweise in der Ladungssicherung, dem Gefahrguttransport oder der Prozessoptimierung.
3. **Führungspositionen anstreben**: Nutze deine Erfahrung als Industriemeister, um in deinem Unternehmen eine Führungsrolle zu übernehmen. Bereite dich auf die Übernahme größerer Verantwortung vor.
4. **Technologische Entwicklungen im Auge behalten**: Sei offen für neue Technologien wie Industrie 4.0, KI und Digitalisierung. Investiere in Schulungen, um dein Wissen stets auf dem neuesten Stand zu halten.

Nutze den Schwung deiner Weiterbildung, Du hast gelernt wieder zu Lernen und hast das Wissen abrufbereit. Jetzt ist eine tolle Gelegenheit weiterzumachen und den Schwung zu nutzen...

12
Die Balance halten

Der Weg zum Industriemeister ist nicht nur beruflich anspruchsvoll, sondern stellt auch eine große Herausforderung für das Privatleben dar. Viele absolvieren ihre Weiterbildung berufsbegleitend, was zu einem erheblichen Zeitmangel führen kann. Ein ausgewogenes Gleichgewicht zwischen Arbeit, Weiterbildung und Privatleben ist entscheidend, um langfristigen Erfolg und Wohlbefinden zu sichern.

Eine gesunde Work-Life-Balance ermöglicht es, die Anforderungen der Weiterbildung und des Berufs zu bewältigen, ohne das persönliche Leben zu vernachlässigen.

Dieter Zacherl

Zeitmanagement und Prioritätensetzung

Effektives Zeitmanagement bildet die Basis für eine erfolgreiche Work-Life-Balance. Berufsbegleitendes Lernen erfordert ein hohes Maß an Organisation. Eine klare Struktur, wann und wie lange man arbeitet, lernt und sich erholt, ist unerlässlich, um Überlastung zu vermeiden.

Tipp: Nutze Planungsinstrumente wie digitale Kalender oder Zeitplaner, um deine Woche im Voraus zu strukturieren. Setze klare Prioritäten: Was muss sofort erledigt werden, und was kann später bearbeitet werden? Ein Tages- oder Wochenplan hilft, den Überblick zu behalten und sicherzustellen, dass keine wichtigen Aufgaben untergehen.

Beispiel: Thomas, der wirklich vielseitig engagiert ist, berichtet: „Anfangs versuchte ich, alles gleichzeitig zu erledigen, was schnell zu Chaos führte. Jetzt plane ich meine Tage genau durch – Arbeit, Lernphasen und Zeit mit der Familie. Mit dieser Struktur fühle ich mich weniger gestresst und kann meine Aufgaben gezielter angehen."

Ansätze wie die Eisenhower-Methode, bei der Aufgaben nach Dringlichkeit und Wichtigkeit sortiert werden, können hilfreich sein. Pufferzeiten sollten eingeplant werden, um unerwartete Ereignisse abzufangen.

Die Bedeutung der Familie und des sozialen Umfelds

Das soziale Umfeld spielt eine wesentliche Rolle bei der Bewältigung der Herausforderungen einer Weiterbildung. Ohne die Unterstützung von Familie und Freunden ist es oft schwierig, die Belastung zu meistern. Eine offene Kommunikation über die Anforderungen der Weiterbildung hilft, Verständnis und Unterstützung zu gewinnen.

Tipp: Vereinbare feste Zeiten mit deinem Partner oder deiner Familie, in denen du ungestört lernen kannst, und ebenso feste Zeiten für gemeinsame Aktivitäten. Diese klare Trennung hilft, sowohl die Weiterbildung erfolgreich zu gestalten als auch das Privatleben nicht zu vernachlässigen.

Beispiel: Thomas, der seine Weiterbildung berufsbegleitend absolviert hat und Vater von zwei Kindern ist, sagt: „Wir haben feste Zeiten, wann ich lerne und wann wir als Familie etwas unternehmen. Diese klaren Absprachen geben uns allen Sicherheit und verhindern Konflikte."

Auch Freunde und Kollegen können eine wertvolle Unterstützung sein. Ein starkes soziales Netzwerk hilft, den Druck zu reduzieren und den nötigen Rückhalt zu bieten, um in stressigen Phasen durchzuhalten.

Dieter Zacherl

Stressmanagement und Selbstfürsorge

Die Doppelbelastung durch Beruf und Weiterbildung kann zu erheblichem Stress führen, der langfristig gesundheitliche Auswirkungen haben kann. Es ist wichtig, frühzeitig Techniken zu erlernen, die helfen, Stress abzubauen und auf sich selbst zu achten. Regelmäßige Bewegung, gesunde Ernährung und ausreichend Schlaf sind die Grundpfeiler der Selbstfürsorge und tragen dazu bei, die Leistungsfähigkeit zu erhalten.

Tipp: Finde eine Routine, die dir hilft, körperliche und mentale Erschöpfung zu vermeiden. Regelmäßige Sporteinheiten, Yoga oder Meditationsübungen können dabei unterstützen, Stress abzubauen und den Kopf frei zu bekommen. Kurze Pausen während des Arbeitstages steigern die Konzentration.

Beispiel: Jens hat eine wirksame Routine entwickelt: „Jeden Morgen beginne ich mit einer kurzen Meditation und Stretching, bevor ich in den Tag starte. Während der Lernphasen mache ich alle 60 Minuten eine kurze Pause, um meine Konzentration aufrechtzuerhalten."

Stressmanagement kann auch durch Achtsamkeitstechniken wie Progressive Muskelentspannung oder Autogenes Training gefördert werden. Diese Methoden helfen, körperliche und geistige Entspannung zu fördern.

Freizeit bewusst gestalten

Während der Meisterweiterbildung ist die verfügbare Freizeit oft knapp bemessen. Dennoch ist es wichtig, die verbleibende Zeit gezielt zur Erholung zu nutzen. Freizeit sollte nicht einfach „Nichtstun" bedeuten, sondern aktiv zur Regeneration beitragen. Sportliche Aktivitäten, Hobbys oder Zeit mit Familie und Freunden können dazu beitragen, neue Energie zu tanken.

Tipp: Plane kleine Erholungsphasen in deinen Alltag ein, sei es ein kurzer Spaziergang, ein Abend mit einem Buch oder ein Spieleabend mit der Familie. Solche Aktivitäten geben dir Energie zurück und verhindern mentale Erschöpfung.

Beispiel: Ömer meint: „Es klingt banal, aber die feste Zeit, die ich einmal wöchentlich mit meinem Hobby, dem Modellbau, verbringe, ist für mich unverzichtbar. Das gibt mir die nötige Ruhe, um wieder Energie für die kommende Woche zu tanken. Diese Zeit tut mir richtig gut."

Freizeitaktivitäten, die mit Bewegung oder sozialen Kontakten verbunden sind, haben den Vorteil, dass sie sowohl dem Geist als auch dem Körper guttun. Die regelmäßige Integration dieser Aktivitäten in den Alltag ist entscheidend für den langfristigen Nutzen.

Dieter Zacherl

Grenzen setzen und Nein sagen lernen

Während der Weiterbildung zum Industriemeister stößt man oft an persönliche Grenzen. In dieser intensiven Phase ist es wichtig, nicht jede zusätzliche Aufgabe oder Verpflichtung anzunehmen. Wer Schwierigkeiten hat, „Nein" zu sagen, riskiert Überlastung und leidet unter den Anforderungen, sowohl beruflich als auch privat.

Tipp: Setze klare Grenzen für das, was du leisten kannst und möchtest. Es ist völlig in Ordnung, Einladungen oder zusätzliche Aufgaben abzulehnen, wenn sie deinen Zeitplan überlasten. Lerne, höflich, aber bestimmt „Nein" zu sagen, um Überforderung zu vermeiden.

Beispiel: „Ich habe anfangs immer Ja gesagt, weil ich dachte, ich müsste es allen recht machen," erinnert sich Christine. „Das führte schnell zu Frustration. Jetzt prüfe ich jede zusätzliche Verpflichtung und sage auch mal Nein, wenn es zu viel wird. Das gibt mir die Freiheit, mich auf das Wesentliche zu konzentrieren."

Ein gesundes Selbstbewusstsein und die Fähigkeit, eigene Grenzen zu erkennen und zu wahren, sind entscheidend, um langfristig erfolgreich und gesund zu bleiben.

Langfristige Perspektive – Den Endpunkt im Blick behalten

Die Weiterbildung zum Industriemeister ist ein mehrjähriger Prozess. In Zeiten der Erschöpfung oder bei

Rückschlägen ist es wichtig, das große Ziel nicht aus den Augen zu verlieren. Sich regelmäßig die eigenen Beweggründe und Ziele vor Augen zu führen, hilft, die Motivation hochzuhalten.

Tipp: Visualisiere deine langfristigen Ziele regelmäßig, indem du sie aufschreibst oder Meilensteine setzt. Kleine Erfolge sollten bewusst gefeiert werden, um die Motivation aufrechtzuerhalten.

Beispiel: „Ich habe mir ein Bild von meinem Ziel gemacht," erzählt Jens. „Jedes Mal, wenn es schwierig wurde, habe ich mir vor Augen geführt, warum ich die Weiterbildung mache und was ich damit erreichen will. Das hat mir geholfen, auch in schwierigen Zeiten weiterzumachen. Nur so konnte ich mich auch auf die Weiterbildung zum Betriebswirt motivieren."

Langfristige Ziele sollten mit erreichbaren Etappenzielen kombiniert werden, um den Fortschritt greifbar zu machen. Erfolgreiche Menschen setzen sich immer wieder neue, herausfordernde Ziele, die sie motivieren und inspirieren.

Handlungsvorschläge

1. **Zeitmanagement verbessern**: Plane deinen Tagesablauf sorgfältig und nutze digitale Tools oder Planer, um berufliche und private Verpflichtungen zu strukturieren.

2. **Stressbewältigungstechniken anwenden**: Integriere regelmäßige Bewegung, Meditation oder andere Entspannungstechniken in deinen Alltag, um Stress abzubauen und deine Leistungsfähigkeit zu erhalten.
3. **Grenzen setzen und Nein sagen**: Lerne, Grenzen zu setzen und Aufgaben abzulehnen, um Überlastung zu vermeiden. Erkenne deine Kapazitäten und konzentriere dich auf das Wesentliche.
4. **Freizeit aktiv gestalten**: Nutze deine Freizeit bewusst zur Erholung. Finde Aktivitäten, die dir Freude bereiten und dich regenerieren.
5. **Langfristige Ziele setzen**: Halte deine langfristigen Ziele vor Augen und feiere kleine Erfolge. Visualisiere regelmäßig deine Fortschritte, um den Fokus zu behalten.

13
Rückschläge

Der Weg zum Industriemeister ist anspruchsvoll und erfordert viel Durchhaltevermögen, Disziplin und Lernbereitschaft. Meisterschüler stehen oft vor großen Herausforderungen und erleben Rückschläge, sei es durch Prüfungsstress, berufliche Belastungen oder persönliche Schwierigkeiten. Doch genau in diesen Momenten zeigt sich wahre Stärke:

Der Umgang mit Rückschlägen und Hindernissen entscheidet über den Erfolg. Es ist wichtig zu erkennen, dass auch Scheitern Teil des Prozesses ist – und dass stets die Möglichkeit zur Verbesserung besteht.

Dieses Kapitel widmet sich den Hürden, die während der Weiterbildung auftreten können, und zeigt Strategien auf, wie man sie bewältigen kann.

Hoher Lernaufwand und Zeitdruck

Die Menge des Lernstoffs kann überwältigend wirken, besonders bei berufsbegleitender Weiterbildung. Viele Meisterschüler berichten von Zeitdruck, wenn sich Arbeit, Lernen und private Verpflichtungen überschneiden. Eine gute Planung ist hier entscheidend.

Tipp: Teile den Lernstoff in kleine, überschaubare Abschnitte auf. Setze dir täglich realistische Lernziele, um kontinuierlich voranzukommen. Methoden wie die Fünf-Fächer-Karteikarten-Methode oder das Pomodoro-Prinzip können helfen, den Lernstoff effizient zu wiederholen und Stress zu vermeiden.

Beispiel: Jens, der sehr strukturiert und organisiert ist, sagt: „Mit einer klaren Tagesplanung habe ich den Lernstoff in kleinere Blöcke geteilt und mich auf die wichtigsten Punkte konzentriert. So konnte ich den Druck reduzieren und das Gefühl der Überforderung vermeiden."

Prüfungsangst und Leistungsdruck

Prüfungsangst ist ein häufiges Problem. Der Druck, gute Leistungen zu erbringen, kann dazu führen, dass man sich selbst blockiert und nicht das volle Potenzial ausschöpft. Eine gute Vorbereitung ist wichtig, ebenso wie der Umgang mit Prüfungsdruck.

Tipp: Bereite dich frühzeitig und regelmäßig auf Prüfungen vor. Übe Prüfungssituationen, um dich an den Ablauf zu gewöhnen. Entspannungstechniken wie Atemübungen oder progressive Muskelentspannung können helfen, während der Prüfung ruhig zu bleiben.

Wichtig: Es ist keine Schande, eine Prüfung nicht zu bestehen. Es gibt immer die Möglichkeit zur mündlichen Nachprüfung oder Wiederholung. Rückschläge sind nicht das Ende der Weiterbildung, sondern bieten eine Chance, das Gelernte zu festigen und mit einem neuen Blickwinkel an die Prüfungen heranzugehen.

Beispiel: „Ich bin bei meiner ersten Prüfung durchgefallen, was ein Schock war," erzählt Christine. „Aber die Möglichkeit der mündlichen Nachprüfung hat mir die Angst genommen, und ich habe schließlich bestanden. Rückschläge gehören dazu, aber sie sind nicht das Ende."

Finanzielle Belastung

Die Kosten für die Weiterbildung, Lehrmaterialien und Prüfungen können eine erhebliche Belastung darstellen, besonders wenn man gleichzeitig seinen Lebensunterhalt sichern muss. Diese finanzielle Herausforderung ist oft eine der größten Hürden auf dem Weg zum Industriemeister.

Tipp: Informiere dich über Fördermöglichkeiten wie das Aufstiegs-BAföG, das die Weiterbildungskosten erheblich senken kann. Viele Arbeitgeber unterstützen ihre Mitarbeiter durch Bildungsurlaub, Zuschüsse oder flexible Arbeitszeiten. Auch Stipendien oder zinsgünstige Darlehen für Weiterbildungen können eine sinnvolle Hilfe sein.

Beispiel: Ömer nutzte das Aufstiegs-BAföG: „Ohne diese finanzielle Unterstützung hätte ich die Weiterbildung nicht stemmen können. So konnte ich mich voll auf die Lerninhalte konzentrieren, ohne mir ständig Sorgen um das Geld zu machen. Unterm Strich hat mich die gesamte Weiterbildung ca. 2.500 Euro gekostet."

Persönliche Rückschläge und Selbstzweifel

Während einer mehrjährigen Weiterbildung erlebt jeder Phasen des Zweifelns. Vielleicht erzielt man nicht die gewünschten Noten oder fühlt sich überfordert. Selbstzweifel und Rückschläge gehören zum Lernprozess und sind keine Zeichen des Scheiterns, sondern des Wachstums.

Tipp: Entwickle eine positive Einstellung zu Rückschlägen. Anstatt dich von einem schlechten Ergebnis entmutigen zu lassen, betrachte es als Chance, deine Lernmethoden zu verbessern oder neue Strategien zu entwickeln. Der Austausch mit anderen Meisterschülern oder Mentoren kann helfen, neue Perspektiven zu gewinnen.

Beispiel: Christine berichtet: „Ich habe mehrmals an mir gezweifelt, besonders nach schlechten Noten. Aber der Austausch mit meinen Mitschülern hat mir gezeigt, dass ich nicht allein bin. Diese Phasen gehören dazu, und es geht darum, weiterzumachen."

Belastung durch Beruf und Weiterbildung gleichzeitig

Die Doppelbelastung von beruflichen Pflichten und Weiterbildung ist eine der größten Herausforderungen. Viele Meisterschüler müssen nach langen Arbeitstagen noch lernen, was schnell zu Erschöpfung führen kann.

Tipp: Achte auf deine Grenzen und setze klare Prioritäten. Sprich mit deinem Arbeitgeber darüber, dass du für einen begrenzten Zeitraum weniger Überstunden machen oder flexible Arbeitszeiten benötigen könntest. Regelmäßige Pausen sind ebenfalls wichtig, um Energie zu tanken.

Beispiel: Thomas erinnert sich: „Ich fühlte mich oft überlastet, weil ich alles unter einen Hut bringen wollte. Nachdem ich mit meinem Chef gesprochen hatte, konnten wir eine Lösung finden. Ich erhielt mehr Zeit zum Lernen, ohne dass meine Arbeit darunter litt."

Motivationsverlust und Durststrecken überwinden

Bei längeren Weiterbildungen ist es normal, dass die Motivation zeitweise nachlässt. Die Kombination aus Lernen, Arbeiten und privaten Verpflichtungen kann erschöpfend wirken, und die Ziele erscheinen oft in weiter Ferne.

Tipp: Setze dir kleine, erreichbare Zwischenziele, um die Motivation aufrechtzuerhalten. Belohne dich für Meilensteine und halte dir deine langfristigen Ziele vor Augen. Der Austausch mit anderen Meisterschülern kann ebenfalls helfen, neue Motivation zu schöpfen.

Beispiel: „Nach den ersten Monaten habe ich meine Motivation verloren, weil alles so anstrengend war," sagt Ömer. „Doch durch kleine Erfolgserlebnisse und das Setzen von Zwischenzielen mit Belohnungen konnte ich den Fokus wiederfinden."

Handlungsvorschläge

1. **Lernstrategien anpassen:** Teile den Lernstoff in überschaubare Einheiten auf und nutze effiziente Lernmethoden, um Überforderung zu vermeiden.
2. **Prüfungsstress reduzieren:** Akzeptiere, dass Rückschläge wie das Durchfallen einer Prüfung zum Prozess gehören. Nutze Nachprüfung oder Wiederholung als Chance zur Verbesserung.
3. **Finanzielle Unterstützung nutzen:** Informiere dich über Fördermöglichkeiten wie das Aufstiegs-BAföG oder Stipendien, um die finanzielle Belastung zu mindern.
4. **Selbstzweifel überwinden:** Betrachte Rückschläge als Lernchancen. Tausche dich mit anderen aus, um neue Motivation zu finden und deine Lernmethoden anzupassen.

5. **Berufliche und persönliche Balance finden:** Setze klare Grenzen im Job und kommuniziere offen über deine Bedürfnisse. Pausen und Erholungszeiten sind entscheidend für den Erfolg.

Anekdote: Von der Verzweiflung zur Inspiration – Mein Weg durch NTG

Ich habe den Meisterkurs über eine Online-Schule gemacht, und anfangs fühlte ich mich ziemlich sicher – bis ich auf die Fächer BWH und NTG (Naturwissenschaftlich-technische Grundlagen) traf. Vor allem NTG machte mir Angst. Schon in der ersten Stunde bombardierte uns der Dozent mit Fachbegriffen, und ich verstand kaum etwas. Es war, als stünde ich vor einem unüberwindbaren Mount Everest.

Ich dachte ernsthaft, ich würde NTG nie bestehen. Doch dann kam ein neuer Dozent, der eine völlig andere Herangehensweise hatte. Er holte uns dort ab, wo wir standen, und bot sogar kostenlosen Nachhilfeunterricht an. Er eröffnete einen Discord-Channel, in dem er regelmäßig präsent war, und motivierte uns, auch an Feiertagen zu lernen.

Sein Engagement inspirierte mich. Trotz meiner anfänglichen Verzweiflung blieb ich dran und schloss NTG schließlich mit einer 2,4 ab – ein Erfolg, den ich mir nicht hätte vorstellen können. Diese Erfahrung hat mich so beeindruckt, dass ich selbst Dozent wurde.

Dieter Zacherl

Es war unglaublich zu sehen, was durch Engagement und die richtige Unterstützung erreicht werden kann.

14

Der Abschluss

Der Moment, in dem du dein Abschlusszeugnis als Industriemeister in den Händen hältst, markiert einen wichtigen Meilenstein in deiner Karriere. Doch dieser Erfolg ist nicht das Ende deines Weges, sondern vielmehr der Beginn einer neuen beruflichen Phase mit zahlreichen Möglichkeiten und Herausforderungen. Mit der Weiterbildung hast du nicht nur wertvolles Wissen erworben, sondern auch bewiesen, dass du in der Lage bist, unter hohem Druck zu lernen und zu arbeiten. Diese Fähigkeiten qualifizieren dich für verantwortungsvollere Positionen, eröffnen neue Karrierewege und geben dir die Chance, deine beruflichen Ziele zu erreichen.

In diesem Kapitel betrachten wir, wie sich das Leben nach dem Abschluss als Industriemeister verändert und welche neuen Wege sich eröffnen.

Dieter Zacherl

Stolz auf die eigene Leistung

Der Abschluss der Industriemeister-Weiterbildung ist eine Leistung, auf die du stolz sein kannst. Du hast bewiesen, dass du in der Lage bist, ein anspruchsvolles Lernpensum zu bewältigen, während du gleichzeitig deine beruflichen Verpflichtungen erfüllt hast. Viele Meisterschüler erleben nach dem Abschluss eine Phase des Stolzes und gesteigerten Selbstbewusstseins, da sie ihre neu erworbenen Fähigkeiten und Kompetenzen zu schätzen wissen.

Beispiel: Christine berichtet mit strahlenden Augen: „Nachdem ich mein Meisterzeugnis in den Händen hielt, fühlte ich mich wie ein anderer Mensch. Nicht nur wegen des Wissens, das ich mir angeeignet habe, sondern auch wegen des Durchhaltevermögens, das ich gezeigt habe. Ich weiß jetzt, dass ich viel mehr erreichen kann, als ich zuvor dachte."

Neue Karrierechancen und Aufstiegsmöglichkeiten

Mit dem Abschluss als Industriemeister eröffnen sich zahlreiche neue Karrieremöglichkeiten. Viele Absolventen übernehmen Führungspositionen in ihrem Unternehmen oder wechseln in andere Unternehmen, um verantwortungsvollere Aufgaben zu übernehmen. Besonders in Produktions- und Logistikunternehmen sind Industriemeister gefragt, da sie sowohl technisches Know-how als auch Führungskompetenzen mitbringen.

Häufige Karrierewege nach dem Abschluss umfassen:

- Leitende Positionen in der Logistik oder Produktion
- Aufgaben im Bereich Qualitätsmanagement
- Technische Betriebsleiter oder Abteilungsleiter
- Leitung des Fuhrparks und Facility
- Disposition

Alternative: Einige Industriemeister entscheiden sich, als freiberufliche Berater tätig zu werden und Unternehmen in speziellen Bereichen wie Prozessoptimierung oder Arbeitssicherheit zu unterstützen. Dieser Weg bietet mehr Flexibilität und unternehmerische Freiheit, erfordert jedoch ein hohes Maß an Eigeninitiative und unternehmerischem Denken.

Kontinuierliche Weiterbildung als Schlüssel zum Erfolg

Auch nach dem Abschluss als Industriemeister endet das Lernen nicht. Die Industrie entwickelt sich ständig weiter, und neue Technologien sowie Methoden erfordern, dass auch Industriemeister kontinuierlich ihr Wissen erweitern. Sich auf dem Laufenden zu halten und gegebenenfalls weitere Fortbildungen zu absolvieren, ist entscheidend, um wettbewerbsfähig zu bleiben.

Tipp: Überlege dir schon frühzeitig nach dem Abschluss, welche zusätzlichen Qualifikationen dir helfen könnten, deine langfristigen beruflichen Ziele zu erreichen. Unternehmen legen großen Wert auf Führungskräfte, die sich kontinuierlich weiterentwickeln und ihre Fähigkeiten an neue Herausforderungen anpassen.

Persönliche Entwicklung und neue Verantwortung

Mit dem Abschluss als Industriemeister beginnt nicht nur beruflich, sondern auch persönlich eine neue Phase. Die neu erworbenen Fähigkeiten in Führung, Verantwortung und Entscheidungsfindung wirken sich auch auf die persönliche Entwicklung aus. Viele Absolventen berichten, dass sie sich selbstbewusster fühlen und im privaten Umfeld klarer und zielgerichteter handeln.

Mit der neuen Verantwortung als Führungskraft kommen jedoch auch neue Herausforderungen. Es ist wichtig, eine gesunde Balance zwischen beruflicher Verantwortung und Privatleben zu finden, um langfristig erfolgreich zu bleiben.

Beispiel: „Nach meinem Abschluss habe ich schnell gemerkt, dass ich nicht nur im Beruf, sondern auch im Alltag anders an Probleme herangehe," sagt Thomas. „Ich habe gelernt, Entscheidungen schneller und bewusster zu treffen, ohne lange zu zögern. Das hat mich auch persönlich weitergebracht."

Netzwerke aufbauen und pflegen

Ein oft unterschätzter, aber sehr wichtiger Aspekt nach dem Abschluss ist das Networking. Während der Weiterbildung haben viele Meisterschüler wertvolle Kontakte zu anderen Teilnehmern, Dozenten und Fachleuten aus der Industrie geknüpft. Diese Netzwerke sind von großem Wert für die berufliche Entwicklung, da sie Möglichkeiten für Kooperationen, Jobwechsel und Unterstützung bieten.

Tipp: Pflege dein berufliches Netzwerk aktiv, indem du in Kontakt mit ehemaligen Mitschülern bleibst, Branchenevents besuchst und in sozialen Medien wie LinkedIn aktiv bist. Ein starkes berufliches Netzwerk kann dir helfen, neue Karrierechancen zu entdecken und dich weiterzuentwickeln.

Den Übergang in die neue Rolle meistern

Nach dem Abschluss als Industriemeister kann es Zeit brauchen, sich in der neuen Rolle zurechtzufinden. Ob du eine Führungsposition übernommen hast oder in einer neuen Abteilung arbeitest – es ist normal, dass eine Phase der Eingewöhnung nötig ist. Wichtig ist, sich selbst Zeit zu geben, um in die neue Rolle hineinzuwachsen und sich an die neuen Aufgaben anzupassen.

Tipp: Setze dir in der Anfangszeit kleine, erreichbare Ziele, um Vertrauen in deine neue Rolle zu gewinnen.

Nutze auch das Feedback von Kollegen und Vorgesetzten, um dich weiterzuentwickeln.

Beispiel: „Am Anfang war es nicht einfach, die Verantwortung als stellvertretende Abteilungsleiterin zu tragen," berichtet Christine, nachdem sie die neue Stelle angeboten bekommen hat. „Aber ich habe mir bewusst kleine Ziele gesetzt und mir Zeit gegeben, in die neue Rolle hineinzuwachsen. Mit der Zeit wurde ich sicherer und konnte die Herausforderungen besser meistern."

Handlungsvorschläge

1. **Karriereziele definieren:** Überlege dir, welche Karrierewege du nach dem Abschluss einschlagen möchtest, und setze dir konkrete Ziele, um dorthin zu gelangen.
2. **Kontinuierliche Weiterbildung:** Halte dich über aktuelle Entwicklungen in der Industrie auf dem Laufenden und nutze Fortbildungen, um deine beruflichen Kompetenzen weiter auszubauen.
3. **Kontakte pflegen:** Bleibe in Kontakt mit ehemaligen Mitschülern, Dozenten und Fachleuten aus der Branche. Ein starkes berufliches Umfeld ist entscheidend für deinen langfristigen Erfolg.
4. **Neue Verantwortung übernehmen:** Gib dir Zeit, um in deine neue Rolle hineinzuwachsen,

und nutze Feedback, um dich weiterzuentwickeln. Kleine, erreichbare Ziele helfen, das Vertrauen in deine neue Position zu stärken.

Anekdote: Die Macht der Sprache

Während meiner Meisterausbildung wurde mir bewusst, welche Defizite ich in bestimmten Bereichen hatte. Besonders deutlich wurde dies bei einem Meeting mit einem Kunden, bei dem ich mich als absoluter Außenseiter fühlte. Die anderen Teilnehmer waren studierte Betriebswirte, und ich kam mir unglaublich klein und unsicher vor. Aus diesem Grund sagte ich während des gesamten Meetings kaum etwas.

Mit der Zeit, während ich die Meisterausbildung fortsetzte, fiel mir auf, dass diese Leute eine ganz andere Sprache sprachen. Sie diskutierten nicht über Tätigkeiten, sondern über Prozesse. Schritt für Schritt eignete ich mir diese Sprache an und begann, die gleichen Begriffe im richtigen Zusammenhang zu verwenden.

Plötzlich nahm man mich anders wahr. Es fühlte sich an, als hätte ich eine neue Sprache gelernt, und ich wurde als gleichwertig angesehen. Gleichzeitig verstand ich das Hintergrundwissen hinter den Begriffen und konnte aktiv an den Gesprächen teilnehmen.

Mit der Zeit erkannte ich auch, dass viele der anderen genauso wenig Ahnung hatten wie ich zu Beginn. Das brachte mich oft zum Schmunzeln, weil ich anfangs so unsicher war. Doch letztlich war es die Sprache, die mir half, meine Position zu festigen und mich in der neuen Umgebung sicher zu fühlen.

15
Wie komme ich in eine neue Position?

Nach dem erfolgreichen Abschluss der Weiterbildung zum Industriemeister stehen viele vor der Herausforderung, den nächsten Karriereschritt zu machen. Es gibt verschiedene Methoden, um in eine neue Position zu gelangen – sei es durch interne Aufstiegsmöglichkeiten, Selbstpräsentation oder den Wechsel zu einem neuen Unternehmen. Dieses Kapitel bietet eine Anleitung, wie du dich in deinem Unternehmen oder auf dem Arbeitsmarkt erfolgreich präsentierst und zeigt, welche Strategien du anwenden kannst, um deinen Traumjob zu erreichen.

Selbstpräsentation im eigenen Unternehmen

Der erste Schritt, um in eine neue Position zu gelangen, besteht oft darin, sich innerhalb des eigenen Unternehmens sichtbar zu machen. Führungskräfte und Personalentscheider müssen wissen, dass du bereit bist, mehr

Verantwortung zu übernehmen und dich weiterentwickeln möchtest. Dies erfordert nicht nur fachliche Kompetenz, sondern auch die Fähigkeit, sich selbst und seine Erfolge gut zu präsentieren.

Tipp: Suche aktiv das Gespräch mit Vorgesetzten und zeige dein Interesse an neuen Aufgaben und Projekten. Nutze Mitarbeitergespräche, um deine beruflichen Ziele anzusprechen und deutlich zu machen, dass du für eine neue Position in Frage kommst.

Beispiel: Jens berichtet: „In unserem jährlichen Mitarbeitergespräch habe ich klargemacht, dass ich bereit bin, mehr Verantwortung zu übernehmen. Mein Chef wusste nun, dass ich nicht nur Interesse habe, sondern auch bereit bin, die nötigen Schritte zu unternehmen. Ich glaube er war dankbar, jemanden fördern zu können."

Eine weitere Methode ist, in internen Projekten zu glänzen. Biete deine Unterstützung bei herausfordernden Aufgaben an, die deine Führungskompetenzen zeigen. Solche Projekte bieten die Möglichkeit, sich von anderen abzuheben und deinen Beitrag zum Unternehmenserfolg zu demonstrieren.

Netzwerke und Kontakte nutzen

Ein starker Faktor für den beruflichen Aufstieg ist das Networking. Oft ergeben sich neue Positionen durch Empfehlungen oder durch den Kontakt mit Kollegen, die über freie Stellen informiert sind. Ein gut gepflegtes Netzwerk kann dir helfen, von internen Ausschreibungen oder neuen Projekten zu erfahren, bevor diese offiziell bekannt werden.

Tipp: Baue dein berufliches Netzwerk aktiv aus. Pflege die Kontakte, die du während der Meisterweiterbildung geknüpft hast, und nutze soziale Netzwerke wie LinkedIn oder Xing, um dich mit Führungskräften und Fachleuten aus deiner Branche zu vernetzen. Besuche regelmäßig berufliche Veranstaltungen, Messen und Seminare, um dich in deinem Fachbereich weiter bekannt zu machen.

Beispiel: Ömer erklärt: „Ich habe mich nach meinem Abschluss bewusst vernetzt und bin mit ehemaligen Mitschülern und Dozenten in Kontakt geblieben. Über diese Kontakte habe ich von einer interessanten Position erfahren, bevor sie offiziell ausgeschrieben wurde. Dennoch habe ich mich entschieden bei meinem Betrieb zu bleiben."

Eigeninitiative zeigen und Mehrwert bieten

Um in eine neue Position zu gelangen, ist es oft notwendig, sich als Problemlöser und innovativer Denker zu präsentieren. Führungskräfte suchen Mitarbeiter, die Mehrwert bieten und das Unternehmen voranbringen. Zeige in Gesprächen und Projekten, dass du nicht nur die aktuellen Herausforderungen meisterst, sondern auch

Ideen hast, wie Prozesse optimiert oder Probleme gelöst werden können.

Tipp: Setze dir das Ziel, bei jedem Projekt, an dem du arbeitest, eine innovative Idee einzubringen, die das Unternehmen verbessern könnte. Ob es um Prozessoptimierung, Kosteneinsparungen oder neue Geschäftsfelder geht – Führungskräfte schätzen Mitarbeiter, die über den Tellerrand hinausblicken.

Beispiel: „In meinem Team habe ich vorgeschlagen, wie wir unsere Abläufe effizienter gestalten können. Mein Vorschlag wurde nicht nur angenommen, sondern auch umgesetzt," berichtet Frank. „Das hat mir die Aufmerksamkeit der Geschäftsleitung eingebracht und letztlich zu einer Beförderung geführt."

Bewerbung auf interne Stellen

Falls es in deinem Unternehmen eine interne Stellenbörse gibt, solltest du diese regelmäßig überprüfen und dich aktiv auf passende Stellen bewerben. Interne Bewerbungen haben den Vorteil, dass du das Unternehmen bereits kennst und die Entscheidungsträger über deine bisherigen Erfolge informiert sind.

Tipp: Bereite deine interne Bewerbung genauso gründlich vor wie eine externe Bewerbung. Auch wenn du bereits im Unternehmen bekannt bist, ist es wichtig, deine Stärken und Erfolge in einem strukturierten Lebenslauf und Anschreiben darzulegen. Hebe hervor, wie deine bisherigen Erfahrungen dich für die neue Position qualifizieren.

Beispiel: Christine erzählt: „Ich habe mich auf eine Führungsposition zum stellvertretenden Abteilungsleiter innerhalb unseres Unternehmens beworben und mich bewusst darauf vorbereitet, indem ich meine bisherigen Erfolge in Projekten klar dargestellt habe. Obwohl ich intern bereits bekannt war, hat die professionelle Bewerbung den Unterschied gemacht."

Was tun, wenn es intern nicht funktioniert? Externe Bewerbung

Wenn es nicht gelingt, innerhalb des eigenen Unternehmens eine neue Position zu finden, ist es sinnvoll, den Blick auf den externen Arbeitsmarkt zu richten. Eine externe Bewerbung bietet die Möglichkeit, in neue Unternehmen oder sogar in neue Branchen einzutreten, um dort die Karriere fortzusetzen.

Tipp: Bereite eine überzeugende Bewerbungsmappe vor, die neben deinem Lebenslauf und Anschreiben auch Arbeitsproben oder Projektbeispiele enthält. Achte darauf, in deinem Anschreiben nicht nur deine bisherigen Erfolge darzustellen, sondern auch klarzumachen, welchen Mehrwert du dem neuen Unternehmen bieten kannst.

Wichtig: Nutze Online-Jobbörsen und Plattformen wie LinkedIn, um nach passenden Stellen zu suchen. Viele Unternehmen veröffentlichen ihre Ausschreibungen auch auf sozialen Netzwerken oder speziellen Branchenforen.

Vorstellungsgespräche meistern

Der letzte Schritt auf dem Weg zur neuen Position ist das Vorstellungsgespräch. Hier gilt es, die eigenen Stärken überzeugend darzulegen und zu zeigen, wie du dem Unternehmen nützen kannst. Das Vorstellungsgespräch bietet die Gelegenheit, deine beruflichen Ziele zu betonen und klarzustellen, wie deine bisherigen Erfahrungen dich für die neue Rolle qualifizieren.

Tipp: Bereite dich gründlich auf Vorstellungsgespräche vor. Übe Antworten auf typische Fragen und überlege dir, wie du deine Stärken, Erfolge und Qualifikationen am besten präsentierst. Zeige, dass du nicht nur fachlich kompetent bist, sondern auch gut ins Team passt und die Unternehmenskultur verstehst.

Beispiel: „Ich habe mich intensiv auf mein Vorstellungsgespräch vorbereitet," sagt Ömer. „Ich habe mögliche Fragen durchgespielt und konkrete Beispiele aus meinen bisherigen Projekten vorbereitet. Das hat mir geholfen, im Gespräch selbstsicher und überzeugend aufzutreten."

Handlungsvorschläge

1. **Selbstpräsentation im Unternehmen verbessern:** Suche aktiv das Gespräch mit Vorgesetzten und nutze Mitarbeitergespräche, um deine beruflichen Ziele klar zu formulieren.
2. **Beziehungen ausbauen:** Pflege dein berufliches Umfeld und nutze Veranstaltungen und soziale Netzwerke, um neue Kontakte zu knüpfen und von internen Ausschreibungen oder neuen Projekten zu erfahren.
3. **Initiative zeigen:** Zeige in deinem Unternehmen, dass du Mehrwert bieten kannst. Bringe neue Ideen ein, die das Unternehmen voranbringen, und präsentiere dich als Problemlöser.
4. **Externe Bewerbungen vorbereiten:** Wenn interne Aufstiegsmöglichkeiten begrenzt sind, bereite eine professionelle Bewerbung vor und nutze Online-Plattformen, um passende Stellenangebote zu finden.

Dieses Kapitel bietet eine umfassende Anleitung, wie du dich in deinem Unternehmen oder auf dem externen Arbeitsmarkt erfolgreich positionieren kannst. Mit der richtigen Selbstpräsentation, einem starken Netzwerk und einer durchdachten Bewerbung hast du die besten Chancen, deine Karriere nach dem Abschluss als Industriemeister weiter voranzutreiben.

Kleiner Extratipp: Nutze die Möglichkeiten, die eine KI anbietet, Du kannst Gespräche 1 zu 1 simulieren und anschließend bewerten lassen, dich beraten lassen, um zum Beispiel neue Ideen und Perspektiven zu erarbeiten.

Nutze unbedingt diese Werkzeuge, es wird in Zukunft ein fester Baustein im Beruf sein, davon bin ich überzeugt!

16

Die Lernform

Anekdote: Ein steiniger Start in die Meisterweiterbildung

Mein Weg zur Meisterweiterbildung begann mit viel Elan und einer großen Portion Motivation – doch der Anfang gestaltete sich deutlich schwieriger, als ich erwartet hatte. Nachdem ich mich bei der Dekra für einen Präsenzkurs angemeldet hatte, der jeden Samstag stattfinden sollte, fühlte ich mich gut vorbereitet. Das Konzept des Wochenendkurses schien perfekt zu meinem Arbeitsalltag zu passen, und auch finanziell war alles geregelt: Mein BAföG-Antrag war bewilligt, und ich war voller Vorfreude, die Weiterbildung zu beginnen.

Doch nur wenige Tage vor dem geplanten Kursstart erhielt ich eine niederschmetternde Nachricht: Der Kurs wurde aufgrund zu geringer Teilnehmerzahlen abgesagt, was wohl bei allen Bildungsträger passieren kann. Diese Nachricht traf mich wie ein Schlag. Alle meine

Pläne, mein Zeitmanagement und vor allem meine beruflichen Ziele gerieten ins Wanken.

Die kurzfristige Absage ließ wenig Spielraum, sofort eine Alternative zu finden, und die Aussicht, weitere Monate auf einen neuen Kurs warten zu müssen, war mehr als frustrierend.

Zusätzlich begann der Ärger mit der finanziellen Förderung. Obwohl mein BAföG bereits bewilligt war, trat durch die Absage des Kurses eine sogenannte „Sperre" in Kraft.

Das bedeutete, dass die Maßnahme ohne Kursstart nicht gefördert wurde, und ich musste befürchten, die Unterstützung komplett zu verlieren. Um die Situation zu klären, war ich gezwungen, unzählige Schreiben an die zuständigen Stellen zu verfassen. Die Herausforderung bestand darin, die Absage glaubhaft zu belegen – eine Aufgabe, die sich als überraschend kompliziert herausstellte. Mehrere Briefe und Rückfragen später war ich immer noch nicht viel weiter. Es fühlte sich an, als hätte jeder Schritt zwei neue Hindernisse erzeugt.

Inmitten dieses Chaos entschied ich, nach Alternativen zu suchen. Ich stieß auf eine Online-Bildungsakademie, die den Meisterkurs in einem berufsbegleitenden Abendformat anbot. Zunächst war ich skeptisch, ob ein Online-Kurs mit meinem Lernstil und meinen beruflichen Verpflichtungen vereinbar sein würde. Doch die

Flexibilität des Programms überzeugte mich schließlich. Der Kursbeginn lag allerdings vier Monate in der Zukunft – vier weitere Monate, in denen ich mich gedulden musste.

Die BAföG-Problematik blieb in dieser Zeit ein ständiger Begleiter. Erst nach langem Hin und Her und zahlreichen Nachweisen über die Absage der Kurse wurde mein neuer Antrag bewilligt. Der Aufwand war enorm, und es gab Momente, in denen ich am liebsten aufgegeben hätte. Doch mit jedem beantworteten Schreiben und jedem bewältigten Hindernis wuchs mein Durchhaltevermögen.

Als der Online-Kurs schließlich begann, fühlte ich eine enorme Erleichterung. Die Flexibilität, abends von zu Hause aus zu lernen, passte perfekt zu meinem Alltag. Auch wenn der Start meiner Weiterbildung alles andere als reibungslos war, bin ich rückblickend froh, diesen Weg gegangen zu sein.

Die Herausforderungen und Hindernisse lehrten mich nicht nur Geduld, sondern auch, dass man manchmal Umwege in Kauf nehmen muss, um ans Ziel zu gelangen.

Heute bin ich überzeugt davon, dass gerade diese Erfahrungen mich stärker gemacht haben. Sie erinnerten mich daran, wie wichtig es ist, auch in schwierigen Zeiten nicht aufzugeben und beharrlich an den eigenen Zielen festzuhalten – eine Lektion, die ich nicht nur in meiner beruflichen Weiterbildung, sondern auch im Leben anwenden konnte.

Dieter Zacherl

Die Wahl der richtigen Lernform ist ein entscheidender Faktor für den Erfolg der Weiterbildung zum Industriemeister. Je nach persönlichen Vorlieben, beruflichen Verpflichtungen und Lerngewohnheiten gibt es verschiedene Modelle, die sich in den letzten Jahren etabliert haben.

In diesem Kapitel werden die Vor- und Nachteile der verschiedenen Lernmethoden, wie Online-Unterricht, Blended Learning und Präsenzunterricht, sowie die Unterschiede zwischen Vollzeit- und berufsbegleitendem Lernen aufgezeigt.

Diese Informationen sollen dir helfen, die passende Entscheidung für deinen Lernweg zu treffen.

Online-Unterricht

Der Online-Unterricht hat in den letzten Jahren stark an Popularität gewonnen, besonders durch die Digitalisierung und die Flexibilität, die er bietet. Online-Kurse ermöglichen es den Teilnehmern, von überall aus zu lernen, solange sie Zugang zum Internet haben. Dies ist besonders vorteilhaft für berufstätige Meisterschüler, die ihre Lernzeiten individuell gestalten müssen.

Vorteile:

- **Flexibilität:** Die größte Stärke des Online-Unterrichts ist die Möglichkeit, von überall und zu jeder Zeit zu lernen. Ideal für berufstätige Teilnehmer, die ihren Lernplan individuell gestalten möchten.

- **Selbstbestimmtes Lernen:** Teilnehmer können das Lerntempo selbst festlegen und die Inhalte so oft wiederholen, wie sie möchten.
- **Zeitersparnis:** Keine Notwendigkeit, zu einem Lernort zu reisen – besonders vorteilhaft für Menschen in ländlichen Gebieten.
- **Technologische Tools:** Viele Online-Plattformen bieten interaktive Lernmaterialien, Videos, Online-Foren und Quizze, die das Lernen abwechslungsreich gestalten.

Nachteile:

- **Fehlender persönlicher Austausch:** Einer der größten Nachteile ist das Fehlen des direkten Kontakts zu Lehrern und Mitstudierenden. Der persönliche Austausch ist schwer zu ersetzen.
- **Selbstdisziplin erforderlich:** Online-Lernen erfordert ein hohes Maß an Selbstdisziplin und Eigenmotivation, da die Teilnehmer selbstständig lernen müssen.
- **Technische Hürden:** Nicht alle Teilnehmer haben die gleiche technische Ausstattung oder Erfahrung, um effektiv an Online-Kursen teilzunehmen. Technische Probleme können den Lernprozess behindern.

Beispiel: Jens entschied sich für den Online-Unterricht, weil er berufstätig ist und keine festen Unterrichtszeiten wahrnehmen konnte. „Ich konnte lernen, wann es mir passte, aber es war nicht immer einfach, mich selbst zu motivieren, regelmäßig dranzubleiben," berichtet er.

Blended Learning

Blended Learning ist eine Kombination aus Online-Unterricht und Präsenzveranstaltungen. Dieses Modell vereint die Vorteile beider Lernformen, indem es die Flexibilität des Online-Lernens mit den interaktiven Aspekten des Präsenzunterrichts kombiniert. In Blended Learning-Kursen finden einige Module online statt, während andere in Form von Präsenzveranstaltungen durchgeführt werden.

Vorteile:

- **Beste aus beiden Welten:** Blended Learning kombiniert die Flexibilität des Online-Lernens mit der Möglichkeit, sich in Präsenzveranstaltungen mit Lehrkräften und anderen Teilnehmern auszutauschen.
- **Struktur und Flexibilität:** Während das Online-Lernen den Teilnehmern Flexibilität bietet, sorgen die Präsenzveranstaltungen für Struktur und persönliche Interaktion.

- **Interaktive Elemente:** Präsenzveranstaltungen ermöglichen praktische Übungen oder Diskussionen, die online schwer umzusetzen sind.

Nachteile:

- **Planung erforderlich:** Blended Learning erfordert sorgfältige Planung, da die Teilnehmer sowohl online lernen als auch an Präsenzveranstaltungen teilnehmen müssen.
- **Reisekosten:** Trotz der Online-Elemente müssen die Teilnehmer zu den Präsenzveranstaltungen reisen, was zusätzlichen Aufwand und Kosten verursacht.

Beispiel: „Blended Learning war für mich die ideale Kombination," erklärt Christine, die ihre Weiterbildung zum Logistikmeister so absolvierte. „Ich konnte viele Inhalte online bearbeiten, aber die Präsenztermine halfen mir, den Stoff zu festigen und Fragen direkt zu klären. Ich brauche auch den persönlichen Kontakt."

Präsenzunterricht

Der Präsenzunterricht ist die traditionelle Lernform, bei der die Teilnehmer regelmäßig an einem festen Ort unterrichtet werden. Dies bietet den Vorteil, dass die Lernumgebung strukturiert ist und direkter Kontakt zu Lehrern und Mitstudierenden möglich ist.

Vorteile:

- **Direkter Austausch:** Der größte Vorteil des Präsenzunterrichts ist der direkte Austausch mit Lehrkräften und anderen Schülern. Fragen können sofort geklärt werden, und Diskussionen fördern das Verständnis.
- **Struktur und Routine:** Präsenzveranstaltungen bieten eine feste Struktur, die es den Teilnehmern erleichtert, einen regelmäßigen Lernrhythmus zu bewahren.
- **Praxisnaher Unterricht:** Viele praktische Übungen, Fallstudien oder Gruppenarbeiten lassen sich im Präsenzunterricht einfacher umsetzen.

Nachteile:

- **Wenig Flexibilität:** Präsenzunterricht erfordert regelmäßige Anwesenheit an einem festen Ort und zu festen Zeiten, was für berufstätige Schüler eine Herausforderung sein kann.
- **Reiseaufwand:** Teilnehmer müssen regelmäßig zum Unterrichtsort reisen, was besonders in ländlichen Gebieten mit langen Fahrtwegen verbunden sein kann.

Beispiel: Thomas, der in Berufsbegleitend den Präsenzunterricht besucht hat, sagt: „Ich fand es gut, dass ich mich ganz auf den Unterricht konzentrieren konnte, aber der Zeitaufwand war durch die festen Termine deutlich höher als beim Online-Lernen. Jeder Samstag war praktisch durch den Unterricht blockiert."

Vollzeit- und berufsbegleitendes Lernen

Neben den verschiedenen Lernmethoden gibt es auch Unterschiede in der zeitlichen Organisation der Weiterbildung. Der Weg zum Industriemeister kann sowohl in Vollzeit als auch berufsbegleitend absolviert werden.

Beide Varianten haben ihre Vor- und Nachteile, die je nach Lebenssituation entscheidend sein können.

Vollzeit-Lernen

Das Vollzeit-Lernen bedeutet, dass die Weiterbildung zum Industriemeister in einem kurzen, intensiven Zeitraum absolviert wird, oft in wenigen Monaten. Während dieser Zeit widmen sich die Teilnehmer vollständig dem Lernen und nehmen an täglichen Kursen teil, ähnlich wie in einer Schule.

Vorteile:

- **Schneller Abschluss:** Die Weiterbildung kann in einem deutlich kürzeren Zeitraum abgeschlossen werden, was besonders für Personen von Vorteil ist, die schnell in ihre neue berufliche Position wechseln möchten.

- **Fokus auf das Lernen:** Teilnehmer können sich vollständig auf das Lernen konzentrieren, ohne gleichzeitig arbeiten zu müssen. Dies ermöglicht intensiveres Lernen ohne Ablenkungen.

Nachteile:

- **Finanzielle Belastung:** Viele Teilnehmer können während der Vollzeit-Weiterbildung nicht arbeiten, was zu finanziellen Einbußen führen kann. Zudem sind die Kursgebühren oft höher.
- **Hoher Druck:** Das Lernen in Vollzeit ist sehr intensiv, was zu Stress führen kann. Der Lernstoff muss in kurzer Zeit bewältigt werden.

Beispiel: Moricz, einer meiner Nachhilfeschüler, war zu der Zeit arbeitslos und konnte sich über eine Maßnahme für das Vollzeit-Programm qualifizieren: „Es war intensiv und oft stressig, aber ich wollte den Meistertitel schnell abschließen, um sofort wieder in eine neue Stelle zu kommen." Dies ist ihm mittlerweile auch gelungen.

Berufsbegleitendes Lernen

Beim berufsbegleitenden Lernen wird die Weiterbildung parallel zum Beruf absolviert. Dies bedeutet, dass die Teilnehmer neben ihrer beruflichen Tätigkeit Kurse besuchen, oft in Form von Abend- oder Wochenendunterricht.

Vorteile:

- **Finanzielle Stabilität:** Da die Teilnehmer weiterhin berufstätig sind, müssen sie keine finanziellen Einbußen in Kauf nehmen.
- **Anwendung des Gelernten:** Da die Weiterbildung parallel zur Berufspraxis stattfindet, können die Teilnehmer das Gelernte oft direkt in ihrem Arbeitsumfeld anwenden und vertiefen.

Nachteile:

- **Hohe Belastung:** Die Doppelbelastung aus Arbeit und Weiterbildung kann zu Stress und Überlastung führen. Es ist schwierig, neben der Arbeit genügend Zeit zum Lernen zu finden.
- **Längere Dauer:** Berufsbegleitende Programme dauern in der Regel länger als Vollzeitprogramme.

Beispiel: „Es war nicht leicht, nach einem langen Arbeitstag noch zu lernen," erzählt Thomas. „Aber es hat sich gelohnt, weil ich mein Gehalt behalten und die Weiterbildung trotzdem absolvieren konnte. Aufgrund meiner familiären Situation war dies die einzige Möglichkeit."

Handlungsvorschläge

1. **Lernmethode wählen:** Überlege dir, welche Lernmethode am besten zu deinen Bedürfnissen

passt. Wenn du Flexibilität brauchst, könnte Online-Unterricht oder Blended Learning die beste Wahl sein. Wenn du den persönlichen Austausch schätzt, ist Präsenzunterricht besser geeignet.
2. **Zeitplanung berücksichtigen:** Wenn du schnell vorankommen möchtest, könnte ein Vollzeitprogramm ideal sein. Wenn du jedoch deine berufliche Tätigkeit nicht unterbrechen möchtest, ist das berufsbegleitende Lernen eine gute Option.
3. **Finanzielle Faktoren bedenken:** Denke an die finanziellen Aspekte. Eine Vollzeitweiterbildung kann zu Einkommensverlusten führen, während berufsbegleitende Programme es ermöglichen, weiterzuarbeiten und das Gehalt zu behalten.

Anekdote: Die Verwandlung vom Kollegen zur Führungskraft

Während der Meisterausbildung ist mir eine Sache besonders aufgefallen: Man verändert sich. Durch die zusätzliche Qualifikation und die Belastung der Ausbildung beginnt man, anders zu denken und zu handeln. Diese Veränderung kann das Umfeld beeinflussen, insbesondere die Kollegen und Mitarbeiter. Manche Kollegen merken plötzlich, dass man sich verändert hat. Sie empfinden, dass man nicht mehr „der Alte" ist, und sehen Veränderungen skeptisch.

Als angehender Meister sitzt man plötzlich näher beim Chef als bei den Kollegen und beginnt, Situationen anders zu bewerten. Entscheidungen, die früher unverständlich waren, erscheinen plötzlich sinnvoll. Diese neue Perspektive führt oft dazu, dass sich die Wege mit einigen Kollegen trennen. In einer Führungsposition hat man neue Verantwortungen, andere Probleme und ein verändertes Umfeld. Doch auch wenn es schwierig ist, erweitert es den eigenen Horizont und stärkt die Fähigkeit, mit neuen Herausforderungen umzugehen.

17

Abschlusswort an Dich

Lieber Leser, liebe Leserin,
mit diesem Buch wollte ich Dir nicht nur Wissen und praktische Tipps mit auf den Weg geben, sondern auch Mut machen, Deinen eigenen Weg zu gehen. Die Entscheidung, Dich zum Logistikmeister weiterzubilden erfordert nicht nur Zeit und Energie, sondern auch den Glauben an Dich selbst.

Es wird Momente geben, die herausfordernd sind, in denen Zweifel aufkommen oder die Motivation nachlässt. Aber genau in diesen Momenten wächst Du über Dich hinaus. Jede Herausforderung, die Du meisterst, bringt Dich einen Schritt näher an Dein Ziel – und das Gefühl, diesen Weg erfolgreich zu gehen, ist unbezahlbar.

Fortbildung ist mehr als ein Titel oder ein Zertifikat. Es ist eine Investition in Deine persönliche Entwicklung, in Deine Fähigkeiten und in Deine Zukunft. Du lernst nicht nur, Prozesse zu optimieren oder Teams zu führen, sondern auch, Deine eigene Stärke zu erkennen und zu nutzen.

Egal, wo Du gerade stehst: Der wichtigste Schritt ist, anzufangen und dranzubleiben. Kleine Erfolge führen zu großen Zielen. Trau Dich, neue Wege zu gehen, und lass Dich von

Hindernissen nicht entmutigen. Jeder Rückschlag ist eine Chance, stärker zu werden und weiter zulernen.

Zum Abschluss möchte ich Dir noch einen Gedanken mit auf den Weg geben, der mich selbst oft motiviert hat:

„Die Stärke liegt nicht darin, niemals zu fallen, sondern jedes Mal wieder aufzustehen und weiterzukämpfen." Das ist doch Logistik pur, Leidenschaft, Schmerz und Erfolg.

Ich wünsche Dir von Herzen viel Erfolg, Durchhaltevermögen und Begeisterung für Deine Weiterbildung. Du hast das Zeug dazu, Großes zu erreichen – glaub daran und geh Deinen Weg.

Trage den Titel „Logistik-Meister" mit Stolz, denn Du hast ihn dir verdient.

Herzliche Grüße,
Dieter Zacherl

www.ingramcontent.com/pod-product-compliance
Lightning Source LLC
Chambersburg PA
CBHW071030240526
45469CB00006BD/2158